# O ROUBO DO ENEM

CB001641

RENATA CAFARDO

# O ROUBO DO ENEM

## A HISTÓRIA POR TRÁS DO VAZAMENTO DA PRINCIPAL PROVA DO PAÍS

1ª edição

EDITORA RECORD
RIO DE JANEIRO • SÃO PAULO
2017

CIP-BRASIL. CATALOGAÇÃO NA PUBLICAÇÃO
SINDICATO NACIONAL DOS EDITORES DE LIVROS, RJ

C132r    Cafardo, Renata
         O roubo do Enem: a história por trás do vazamento da principal
         prova do país / Renata Cafardo. – 1ª ed. – Rio de Janeiro: Record, 2017.

         ISBN: 978-85-01-10919-4

         1. Exame Nacional de Ensino Médio (Enem).
         2. Fraude – Investigação. I. Título.

17-42312

CDD: 364.4
CDU: 343.9.01

Copyright © Renata Cafardo, 2017

Todos os direitos reservados. Proibida a reprodução, armazenamento
ou transmissão de partes deste livro, através de quaisquer meios,
sem prévia autorização por escrito.

Texto revisado segundo o novo Acordo Ortográfico da Língua Portuguesa.

Direitos exclusivos desta edição reservados pela
EDITORA RECORD LTDA.
Rua Argentina, 171 – Rio de Janeiro, RJ – 20921-380 – Tel.: (21) 2585-2000.

Impresso no Brasil

ISBN 978-85-01-10919-4
Seja um leitor preferencial Record.
Cadastre-se em www.record.com.br e receba informações
sobre nossos lançamentos e nossas promoções.

Atendimento e venda direta ao leitor:
mdireto@record.com.br ou (21) 2585-2002.

*Para os meus filhos, Antônio e Estela.*
*Para os meus pais, Pedro e Rumely.*

*Sumário*

Prefácio: Um caso de diálogo virtuoso entre imprensa
e poder, *de Eugênio Bucci*   9

1. Bloco na mesa   19
2. Post-it amarelo   23
3. Competências e habilidades   27
4. O telefonema   37
5. E os outros telefonemas   43
6. Dos milhares aos milhões   49
7. Calça de flanela   57
8. Boa noite, ministro   65
9. Um sábado de março   73
10. Item e matriz   81
11. A concorrência   89
12. O abraço   101
13. O DJ que fez o Enem dançar   109
14. A sala de manuseio   121
15. Os avisos   131
16. Camisa polo preta   137
17. Condenados   151
18. O teste do pré-teste   167
19. A bolsa inventada   181
20. A consolidação   191

    Agradecimentos   197
    Nota da autora   201
    Índice onomástico   203

# Prefácio

## *Um caso de diálogo virtuoso entre imprensa e poder*

*Eugênio Bucci*

No início do ano de 2009, os mais influentes órgãos de imprensa no Brasil olhavam com algum otimismo para as mudanças que o então ministro da Educação do governo Lula, Fernando Haddad, pretendia adotar no vestibular. Mais que otimista, uma reportagem especial da revista *Veja*, publicada na edição de 15 de abril daquele ano, parecia eufórica.

> Mais de 5 milhões de jovens se preparam neste ano para o vestibular, etapa crucial na vida de um estudante brasileiro. Em 2010, cerca de 1,5 milhão conseguirão ingressar numa universidade — mais gente do que nunca. A novidade é que parte desse grupo não fará o tradicional vestibular, mas será avaliada por meio de outro sistema, anunciado pelo Ministério da Educação (MEC) na semana passada. *Trata-se da maior mudança já feita no concurso desde 1911, quando ele surgiu no Brasil. Uma verdadeira revolução.*
>
> Diga-se desde logo: se as intenções forem cumpridas, o novo sistema não prejudicará o mérito. Os melhores alunos continuarão

a ser os escolhidos. Mas passarão por um teste mais enxuto e menos voltado para a memorização. Esse exame tem parentesco com o atual Enem, aplicado há uma década pelo MEC a quem conclui o ensino médio — e por isso já é chamado de "novo Enem". Outra mudança radical é que a prova será unificada. Isso significa que, com uma única nota, os alunos poderão tentar o ingresso em mais de uma faculdade. Cabe a cada universidade, seja ela pública ou particular, decidir se vai adotar o modelo ou manter o vestibular. Mas a tendência é de mudança. Um levantamento feito por VEJA com 51 dos 55 reitores das federais mostra que 48 pretendem adotar o novo modelo *(grifos meus).*

A reportagem da *Veja*, assinada por Camila Pereira, Monica Weinberg e Renata Betti, não poderia soar mais favorável, o que não deixava de ser um tanto inesperado. Naqueles anos, a *Veja*, maior revista semanal de informação do país, não perdia espaço editorial com afagos ao ministério de Lula. Especialmente no segundo mandato do presidente operário (entre 2007 e 2010), a *Veja* bateu o quanto pôde — ou mesmo mais do que pôde. Olhando agora, em retrospectiva, para aquele elogio tão festivo ao então ministro da Educação, fica no ar uma nota destoante: veio justamente da *Veja*, e não de um daqueles sites que se diziam de "esquerda" e praticavam o governismo chapa-branca, a afirmação surpreendente de que o MEC de Luiz Inácio Lula da Silva era revolucionário, e com aplausos. Vale reler as frases mais grandiloquentes: "Trata-se da maior mudança já feita no concurso desde 1911, quando ele surgiu no Brasil. Uma verdadeira revolução."

Depois das trombetas celestiais, o negócio azedou. A ideia de transformar o Enem (o Exame Nacional do Ensino Médio, que tinha sido criado ainda no governo Fernando Henrique Cardoso) num sistema nacional de seleção para ingresso nas universidades federais foi aclamada na data de seu anúncio, mas logo entraria num roteiro de desacertos e trombadas que terminariam por inverter completamente o clima favorável. Talvez o projeto fosse grandioso demais para ser posto de pé em prazos exíguos. Talvez tenha sido falta de planejamento. Talvez não houvesse a estrutura necessária, com a escala necessária, para implementá-lo a toque de caixa. Talvez fosse escassez de expertise industrial, ou de inteligência logística. Ou talvez, e mais provavelmente, tenha sido tudo isso junto.

O primeiro balde de água fria veio justo no primeiro ano, em 2009. Com 4,1 milhões de inscritos, o exame que estava marcado para os dias 3 e 4 de outubro precisou ser cancelado às pressas. Na noite de 30 de setembro de 2009, uma quarta-feira, o ministro deu a ordem para que desmarcassem a prova. Foi uma crise de todo tamanho.

Vamos ao que se passou. Na noite daquela quarta-feira, às 21 horas, em conversa pelo telefone com Nunzio Briguglio, assessor de imprensa do ministro da Educação, a jornalista do jornal *O Estado de S. Paulo*, Renata Cafardo, contou que tinha acabado de folhear a prova do Enem. Sim, a prova do novo Enem, aquela que faria eclodir uma revolução no vestibular brasileiro, tinha vazado, roubada numa gráfica e, naquela mesma tarde, caído nas mãos de uma repórter. Briguglio levou um susto, é claro. Ele acabara de chegar a um shopping de Brasília, onde planejava comprar uma calça de flanela. Na semana seguinte, viajaria para a Suíça com seu chefe, e não queria passar frio nas pernas. Ao ouvir o que a repórter lhe dizia, sentou-se num banco, desistiu da calça, e sentiu uma friagem nas canelas. Ele sabia que uma bomba iria explodir no dia seguinte.

Para se ter uma ideia da magnitude do estrago que estava por vir, lembremos que a Fuvest, o maior vestibular do Brasil até então, registrara, no mesmo ano de 2009, "apenas" 128 mil inscritos. O contingente mobilizado para o novo Enem era 32 vezes maior, e a suspensão do exame afetaria a vida e a confiança de famílias inteiras, em todos os estados da federação. O golpe na credibilidade do MEC e do ministro seria profundo.

Enquanto falava com o assessor, Renata tinha certeza de que estava com um furo de reportagem. Para publicar sua matéria, só faltava confirmar oficialmente o vazamento com o MEC e, acima disso, saber do mesmo MEC quais seriam as providências que o governo iria tomar. Era o que ela tentava apurar agora. Com alguma calma, começou a narrar a história para seu interlocutor, mal acomodado num banco de shopping center. Contou que, poucas horas antes, tinha se reunido com dois tipos estranhos, a convite deles. Eram os representantes de um grupo interessado em vender a prova a um órgão de imprensa. O preço que pediam era R$ 500 mil. Claro: além de aloprados, os membros da quadrilha eram desinformados, não sabiam que os jornais sérios do Brasil não pagam pelas informações jornalísticas que publicam.

O tarimbado Nunzio Briguglio apenas escutava, enquanto tentava imaginar saídas que não existiam. Rapidamente entendeu o tamanho do problema. Renata Cafardo e o *Estadão* não queriam comprar coisa alguma dos sujeitos que tinham ligado para o jornal. Queriam apenas checar se eles tinham em seu poder, de verdade, o que garantiram por telefone: o texto integral do exame. Para o *Estadão*, a prova roubada não era uma mercadoria, era notícia. Durante a rápida reunião, carregada de ameaças insinuadas, Renata teve sangue-frio para ler e memorizar algumas questões. Precisaria disso para checar a autenticidade do material que lhe mostravam. Tudo isso ela contaria por telefone ao assessor de imprensa.

Nunzio desligou e começou a trabalhar. Primeiro, avisou o ministro imediatamente. Em seguida, os dois começaram a mobilizar os responsáveis pela elaboração das perguntas do exame, para que eles atestassem a autenticidade das questões decoradas pela jornalista. Depois de vários telefonemas entre o ministro e seus auxiliares, não havia mais dúvidas. A perplexidade tomou conta do núcleo duro do ministério. O exame tinha sido roubado, as medidas de segurança tinham falhado.

Enquanto isso, Renata Cafardo esperava. Além da comprovação de que o exame tinha mesmo sido roubado, ela queria ouvir do MEC as medidas que seriam adotadas após o malogro. Sem isso, a reportagem poderia desorientar o público. A noite avançava e a jornalista continuava esperando. Por volta da meia-noite, Renata e Sergio Pompeu, seu colega de redação, arrematavam o texto, deixando tudo pronto. Veio então o telefonema final: o Enem tinha vazado, de fato, e o MEC resolvera cancelar o exame.

Com a confirmação do vazamento e do cancelamento, Renata Cafardo e Sergio Pompeu fecharam o texto, que começava assim:

> O vazamento da prova do Exame Nacional do Ensino Médio (Enem) levou o Ministério da Educação a cancelar na madrugada desta quinta-feira, 1º, a prova, que seria aplicada no fim de semana para 4,1 milhões de candidatos em 1,8 mil cidades do País. A decisão foi tomada pelo ministro Fernando Haddad após ter sido alertado pela reportagem do Estado sobre a quebra do sigilo do exame. "Há fortes indícios de que houve vazamento, 99% de chance", afirmou o presidente do Inep, Reynaldo Fernandes, por volta da 1h, por telefone.

O resto da história é conhecida. O escândalo do Enem de 2009 ficou, para o bem e para o mal, cravado feito tatuagem na biografia do ministro Fernando Haddad. Ficou também como um trauma na lembrança de milhões de jovens. Foi um golpe duro. O Enem fraquejou, cambaleou, mas sobreviveu. Nos anos seguintes viriam outros incidentes chatos, desagradáveis ou mesmo deploráveis, como erros em gabarito, vazamentos localizados de questões isoladas, falhas de impressão. Mais tarde, porém, bem mais tarde, o exame começou a se equilibrar e, de fato, mudou o panorama da educação superior no Brasil. Pode não ter sido assim uma revolução francesa, mas as coisas ficaram melhores.

Fora a história conhecida, ficou uma outra, essa totalmente desconhecida. Como foi, exatamente, que a repórter chegou até a notícia? Como foi o contato com os ladrões? Como foram os bastidores da reação do MEC? O ministro titubeou? Por quê? Já se sabia que a repórter foi ameaçada pelos ladrões depois da publicação da reportagem, mas como foi isso? Como ela reagiu? Como a redação a apoiou?

Agora, todas essas perguntas são respondidas. Finalmente, o brilhante trabalho jornalístico de Renata Cafardo sobre o roubo da prova do Enem em 2009 — uma reportagem que foi finalista do Prêmio Esso 2010 e ganhadora do prêmio Ayrton Senna, do prêmio Embratel e do prêmio Estado de Jornalismo — vem a público em seus pormenores, tão fascinantes quanto eletrizantes. Neste livro, *O roubo do Enem*, Renata nos conduz por uma narrativa saborosa, com várias passagens inéditas, num texto que lemos com prazer e de um fôlego só. O livro é precioso não apenas pelo ensinamento que deixa aos estudantes e praticantes da profissão, mas, principalmente, porque retrata com confiança e precisão o papel da imprensa em sociedades democráticas. Neste livro aprendemos que, além de fiscalizar o poder, a imprensa lança luzes que podem balizar os atos da administração pública em noites de breu, como faróis ao longe.

A crise do Enem em 2009 é uma prova dessa verdade. Jornalismo responsável, por mais crítico que seja, e tenha o dever de ser, não atrapalha a vida institucional, como muitos políticos ainda tentam insinuar. Ao contrário, é indispensável para a normalidade democrática. É por isso que esse caso é tão rico em ensinamentos.

De cara, o *Estadão* rechaçou a saída sensacionalista, que seria publicar o vazamento sem mais confirmações, de modo apelativo e irresponsável. Em lugar disso, o jornal trilhou o roteiro da excelência: procurou a autoridade pública encarregada, alertou-a do fato, deu-lhe tempo para digerir o revés e, por fim, obteve da mesma autoridade o anúncio da medida oficial que viria. Isso melhorou a qualidade da notícia e, ao mesmo tempo, alertou as autoridades e o público, de forma leal.

Não que a função da imprensa tenha algo a ver com "assessorar" os governantes, de modo algum. A função da imprensa passa, antes, por informar a sociedade. É para melhor cumprir essa função que a imprensa precisa confirmar as notícias com os governos, assim como precisa indicar as consequências que os fatos noticiados acarretam. Nesse trabalho de verificação, os jornalistas, sim, lançam luzes que podem ser valiosas para o público e também para os governantes honestos, que não se guiam por agendas ocultas e por interesses subterrâneos.

Durante o episódio, o ministro e sua equipe souberam manter um diálogo de boa-fé com repórteres independentes. Renata Cafardo registra neste livro a integridade da equipe do MEC, sem perder a isenção e o espírito crítico. Exata, anota percalços do caminho, que incluem até mesmo o obstáculo da vaidade, tão característica dos políticos, e apresenta ao leitor um relato objetivo, em que o saldo geral do diálogo entre jornalistas e autoridades se mostra viável e fecundo — embora não harmônico nem harmonioso.

No início, todas as palavras do MEC sobre a reportagem do *Estadão* eram de agradecimento e de reconhecimento. Lá pelas tantas, entretanto, surgiram pressões do governo para que os repórteres entregassem material jornalístico não publicado para ajudar a polícia a esclarecer o crime. O jornal não cedeu às pressões governamentais, e nisso agiu corretamente. Mas, à medida que novas ameaças à repórter se precipitaram, o *Estadão* resolveu colaborar por sua própria conta com as investigações policiais — não para ajudar o governo, mas para proteger sua profissional. A polícia usou nas suas diligências fotos dos suspeitos que foram feitas pelos fotógrafos do jornal, mas, atenção, essas fotos *foram publicadas antes*. Com isso, o *Estadão* garantiu que os leitores tivessem as informações fotográficas em primeira mão. A polícia usou as imagens depois.

Essa foi outra decisão acertada. Em momento algum, a atividade da reportagem se transformou em linha acessória de órgãos policiais ou de interesses governamentais.

Eis aqui um ponto que deve ser posto com clareza categórica. Dizer que jornalistas não podem trabalhar para a polícia sob nenhuma hipótese é dizer pouco. Mais do que não trabalhar para a polícia, jornalistas não podem permitir que uma parte do seu trabalho, por mais ínfima que seja, sirva de subsídio para operações policiais. Por certo, o Ministério Público e agentes policiais podem se valer de reportagens publicadas para abastecer seus relatórios e suas investigações oficiais, mas, atenção, nesse caso, os agentes policiais se valem de reportagens *já publicadas*. O que é inaceitável é contrabandear material colhido pelos repórteres, que ainda não foram dados ao conhecimento do público, para os escaninhos das repartições policiais.

Em síntese, o trabalho jornalístico resulta humilhado e infértil quando reduzido à função de linha auxiliar da polícia. Quem tentou fazer isso — e, em alguma medida, conseguiu — foi a ditadura militar, que produziu em certas redações um mostrengo híbrido de jornalistas e delegados de polícia, gerando uma aberração que não produzia nem reportagens nem inquéritos. O *Estadão* não caiu nessa armadilha, para sorte dos leitores e do Estado de Direito. Ao longo dos depoimentos, o jornal autorizou que fossem entregues fotografias para que os policiais identificassem com mais presteza pessoas que dirigiam ameaças contra uma jornalista, mas tomou o cuidado de, antes, *publicar* essas imagens.

Essa é uma das lições que ficam da leitura deste livro. Jornalistas, em suas atividades, trabalham para informar o público. Ceder às autoridades informações reservadas, obtidas pelo trabalho jornalístico, é uma forma de trair a profissão.

Há ainda outro aspecto intrigante na aventura narrada em *O roubo do Enem*. Assim como a redação de *O Estado de S. Paulo* foi procurada pelos ladrões da prova, outras redações receberam os mesmos telefonemas, das mesmas pessoas. A pergunta que fica é: por que só Renata Cafardo deu conta de ir atrás e apurar aquela notícia tão explosiva? Em boa medida, o próprio livro responde. Sempre, nessas situações, alguém tem a felicidade de fazer a obstinação e a competência coincidirem com uma pitada de sorte. Desta vez, essa felicidade coube a Renata, cujo mérito deve ser reconhecido. Ela viu a notícia onde outros talvez só tenham visto um indício de crime.

No mais, ela soube ser rápida. Às vezes, esse instinto um tanto inexplicável faz toda a diferença.

Ao final da leitura, fica na gente uma sensação boa constatar que o Enem, se deu certo, deve uma parte de seu sucesso, ainda que tardio, ao trabalho da imprensa. Isso de um lado. De outro lado, é preciso computar a abertura de autoridades menos autoritárias, que se mostraram preparadas para conviver bem com a liberdade de imprensa. Jornalismo e governo não são parceiros, é bom reiterar. A relação entre ambos é tensa, e essa tensão, aliás, é um indicador de que a saúde da democracia vai bem (quando imprensa e governo se afinam em lua de mel, um dos dois está fora de seu centro). Mesmo assim, mesmo não sendo parceiros, governo e imprensa, se tiverem compromisso em servir à sociedade, cada um a seu modo, podem estabelecer diálogos que, embora tensos, beneficiem a educação, o interesse público e a cultura política de uma sociedade inteira. Foi assim no caso do Enem. Nós, brasileiros, que temos sido forçados o tempo todo a extrair aprendizados de desencontros institucionais tão trágicos, temos aqui uma oportunidade de aprender com um episódio em que o diálogo funcionou e a liberdade de imprensa se fortaleceu.

# 1

## *Bloco na mesa*

O carro verde passou lentamente na frente do café na movimentada avenida Sumaré, na Zona Oeste de São Paulo. São eles, imaginei. Um homem moreno, de casaco amarelo e barba por fazer, desceu e ficou na calçada.

Olhei para o bloco de anotações com o logotipo do jornal *O Estado de S. Paulo* para me certificar de que estava em cima da mesa. Era a senha combinada para que me identificassem. Poucos minutos depois, um rapaz visivelmente acima do peso, com uma pasta preta na mão, jaqueta também preta e boné, encontrou o outro na calçada.

Esperaram alguns segundos sem ir para lugar algum, olharam para dentro do café. Era fácil me ver. Propositadamente, eu me sentara com os dois colegas do jornal na mesa mais visível. Assim, o fotógrafo enviado para registrar o encontro poderia fazer seu trabalho com a poderosa teleobjetiva sem ser notado, do outro lado da rua. O gordinho, com a pasta, chegou perto do bloco e de mim.

— Renata?

— Sim, sou eu.

Não houve apresentações. Passamos a ser cinco pessoas na mesa apertada, projetada para cafés e pães de queijo. Mais a pasta preta. Por precaução, o jornal enviara meu colega e amigo Sergio Pompeu e o fotógrafo Evelson de Freitas para me acompanharem no encontro com dois homens desconhecidos e supostamente perigosos. Falamos pouco e pedi para ver o que tinham me trazido.

Um deles perguntou se eu estava gravando o encontro. Também a pedido do *Estadão*, eu tinha um gravador em cada bolso do casaco, ambos ligados. Respondi que não.

O moreno acreditou e abriu a pasta. Tirou um caderno cheio de folhas brancas e a fechou de novo. Notei que havia mais coisa lá dentro. Ele deixou que eu manuseasse o material e não percebeu minhas mãos trêmulas. Passei a virar página por página, com o cuidado de quem duvida do que vê. Connasel, Inep, siglas familiares.

Serginho, como sempre o chamei, teve a brilhante ideia de conversar com eles enquanto eu me perdia naquela sequência de perguntas, respostas A, B, C, gráficos, figuras...

Funcionário público, escutei o gordinho dizer. Serginho tinha questionado sua profissão. Já participei de concursos, também fico revoltado com essas coisas, continuou o nosso interlocutor. Isso já está na mão de um monte de filho de parlamentar lá em Brasília, completou.

Uma bandeira do Brasil, com a parte verde desfalcada. Desmatamento, pensei. A tirinha da Mafalda, essa vou lembrar. Minha terra tem palmeiras onde canta o sabiá. Passei a mencionar em voz um pouco mais alta detalhes curiosos das questões, na intenção de que o gravador captasse.

E comecei a virar as páginas mais rapidamente. Queria ver tudo. Tentava disfarçar a ansiedade, levantando os olhos do papel vez ou outra, sorrindo, sem achar graça alguma.

Passei dos textos para as contas, os números, as tabelas... Aqui não consigo decorar, vou voltar para o começo, falei um pouco mais alto que o habitual. O moreno, na primeira e única atitude agressiva da noite, tirou os papéis da minha mão.

— Já viu demais.

— Vocês querem 500 mil reais? — Tentei iniciar uma falsa negociação.

— Sim, até amanhã. Tudo isso que a gente está fazendo é com orientação jurídica.

E sugeriram que alguém do Inep, órgão do Ministério da Educação, tinha passado o material para um conhecido deles.

— Foi por acaso — insistiram.

Tentei argumentar. Pedi que me dessem aquelas folhas para que eu as divulgasse como uma forma de utilidade pública, demonstrando as falhas do governo.

— Utilidade pública não paga meu salário, é grana, grana.

— Precisamos conversar com a direção do jornal — mentiu Serginho.

Sabíamos que não haveria negociação, mas temíamos que um não definitivo os levasse a oferecer o material para outro veículo.

Pedi a garantia de que não procurariam mais ninguém, especialmente a *Folha de S.Paulo*, grande concorrente do *Estadão*. Prometemos uma resposta até as 10 horas do dia seguinte e nos despedimos com agradecimentos de ambas as partes. Fora um encontro tenso, mas cordial.

Eu ainda não tinha certeza disso, mas, na noite de 30 de setembro de 2009, eu havia folheado o Enem, o Exame Nacional do Ensino Médio. Naquele ano, pela primeira vez, a prova tinha sido levada à posição de maior vestibular da história do país por decisão do Ministério da Educação. Deveria estar guardada sob rigoroso sigilo. O Enem seria aplicado a 4,1 milhões de estudantes em todo o Brasil, dali a três dias.

# 2

## *Post-it amarelo*

Minha noite tinha sido difícil. Meu casamento não andava bem, estava prestes a me separar e finalmente havia contado para a minha família um pouco do que se passava. Minha vida pessoal estava um turbilhão de emoções e nem um minuto se passava sem que eu pensasse em decisões futuras que teria de tomar.

Na terça-feira, jantei na casa da minha irmã, grávida do segundo filho e feliz com os preparativos do seu segundo casamento. Meu pai havia chegado de uma viagem à China, e foi um encontro em família de boas-vindas. Eu me sentia angustiada, triste, mas a presença da minha sobrinha Lara deixava tudo mais leve.

Foi com o pensamento nessa noite que cheguei ao jornal na manhã de 30 de setembro de 2009. Tinha certeza de que minha vida pessoal estava perto de uma mudança drástica, mas nenhuma pista de que minha carreira também tomaria um rumo completamente diferente em pouquíssimo tempo.

Minha função então era a de chefe de reportagem da editoria Vida& de *O Estado de S. Paulo*, a antiga Geral. Havia sido repórter de educação durante oito anos no *Estadão* até ser promovida a um cargo de chefia em julho de 2008. Mas me desdobrava, ficava na redação dez, doze horas diariamente, para poder também continuar a publicar matérias. Era o que realmente me dava prazer na profissão.

Minha função naquele momento tinha seus desafios, mas era mais burocrática. É uma das poucas no jornalismo impresso que faz você acordar cedo. O chefe de reportagem, ou "pauteiro", é sempre o primeiro a chegar à redação. Ele participa da primeira de várias reuniões de pauta do dia, em que as matérias que estarão nas páginas no dia seguinte começam a ser discutidas. No *Estadão*, ela começava às 9 horas e reunia os chefes de reportagem das editorias de Esportes, Economia, Nacional, Cidades, Caderno 2 e Internacional, além de Vida&.

Antes da reunião, notei um bilhete em um post-it amarelo na minha mesa deixado pelo plantonista da noite anterior, o redator Marcelo Valeta: "Tem um e-mail importante para você." Abri rapidamente minha caixa de e-mail. A mensagem dizia que alguém estaria interessado em vender o gabarito do Enem. Ele mesmo tinha escrito o bilhete, temendo que talvez eu não lesse o e-mail assim que chegasse.

A mensagem eletrônica mencionava o nome de um dos editores executivos do jornal, Luiz Fernando Rila, de quem desconfiava ter vindo a informação. Dizia ainda que o ramal da minha chefe, Luciana Constantino, tinha sido indicado como o de uma pessoa interessada em comprar o material.

Era tudo muito confuso, mas o que deu para entender foi que eu deveria ficar atenta ao telefone porque ligariam pela manhã. Logo de cara, não gostei nada da estratégia. Se alguma pessoa estivesse interessada em vender o gabarito de uma prova, algo ilícito, e descobrisse que o telefone era da redação de um jornal, logo desistiria de dar informações. Se era dinheiro o que queria, a imprensa seria o último lugar que essa pessoa procuraria, imaginei.

A reunião começou e comentei com o editor executivo que a comandava interinamente naquela manhã, Roberto Baschera, o que tinha ocorrido e minha opinião a respeito. Quem tivesse conversado na noite anterior com interessados em vender o tal gabarito deveria ter providenciado um contato para que nós pudéssemos telefonar e buscar algum tipo de informação sem que necessariamente soubessem que se tratava de jornalistas. Imaginava que os eventuais vendedores de gabarito estariam atrás de estudantes, cursinhos, professores. E tinham ligado por engano ao jornal. Alguém realmente interessado em mais do que apenas a informação.

Temia que eles ligassem para o telefone indicado, alguém atendesse e informasse que se tratava do jornal *O Estado de S. Paulo* e nunca mais tivéssemos pistas sobre a tal venda. Era o razoável para se pensar. Os colegas na reunião concordaram e chegaram a rir da tática que parecia até então desastrosa.

Estávamos na semana que antecedia o Enem e minha pauta tinha, todo dia, uma matéria sobre o exame, focada na preparação dos candidatos. Era o que eu imaginava que estaria nas páginas do *Estadão* no dia seguinte: uma matéria de serviço, como se diz no jargão jornalístico, algo que ajudaria os estudantes a se prepararem para a prova.

Duas semanas antes eu estive em Brasília. Conversei rapidamente com o ministro da Educação Fernando Haddad, em seu gabinete. Mas fiz uma longa entrevista com o homem responsável pelo novo exame, Reynaldo Fernandes, presidente do Instituto Nacional de Estudos e Pesquisas Educacionais (Inep). A autarquia é a responsável pelas avaliações no MEC. Reynaldo é professor da Universidade de São Paulo e um dos maiores especialistas em avaliação do país, respeitado dentro e fora do PT. Educadores ligados ao PSDB, partido da oposição, elogiavam abertamente seu trabalho e sua competência técnica. Reynaldo também é um homem franco, daqueles que não conseguem disfarçar numa entrevista eventuais problemas, dúvidas, aflições.

"Acho que isso é a coisa mais importante que a gente já fez", disse-me no fim da entrevista, depois que o gravador já havia sido desligado. Ficou clara também sua preocupação com o processo de escolha da empresa que tinha sido contratada para realizar a prova. "A gente abre a licitação e reza", tinha dito, meses antes, Reynaldo aos seus assessores mais próximos sobre o processo. Ao saber qual empresa havia vencido a licitação, Reynaldo temeu pelo exame. Mas naquele dia em que nos encontramos, ele sorria satisfeito, orgulhoso, ao falar do novo Enem.

O objetivo da prova que seria feita naquela semana era ambicioso: acabar com o vestibular no Brasil.

# 3

## *Competências e habilidades*

Em 25 de março de 2009, Fernando Haddad, o ministro da Educação, no cargo desde 2005, anunciou oficialmente o que parecia ser a melhor ideia de sua gestão: reduziria os 55 vestibulares realizados pelas universidades federais (instituições públicas financiadas pelo MEC, apesar de autônomas em sua gestão) a um único exame, o Enem. A proposta foi apresentada aos reitores, que tinham a prerrogativa de aceitar ou não a novidade.

Mesmo antes do anúncio oficial aos dirigentes das universidades, a mudança já refletia positivamente na imprensa. Elio Gaspari, um dos mais respeitados jornalistas do Brasil, chamou de "boa notícia" a ideia de Haddad. A coluna do dia 22 de março na *Folha de S.Paulo* e em *O Globo* prosseguia dizendo que "Nosso guia poderá livrar os jovens da praga do vestibular".\* ("Nosso guia" era como o jornalista costumava chamar o então presidente Luiz Inácio Lula da Silva.)

Além de induzir o fim de exames calcados na decoreba, com extensos conteúdos, a unificação facilitaria a vida dos candidatos que peregrinavam pelo país — gastando tanto em inscrições quanto em deslocamento — para realizar os vestibulares de dezenas de universidades.

---

\* Elio Gaspari, "Boa notícia". *Folha de S.Paulo,* 22 mar. 2009.

Mas, por melhor que fosse, a ideia não era nova. Na primeira semana em que assumiu o posto no governo de Fernando Henrique Cardoso, em janeiro de 1995, o então ministro da Educação Paulo Renato Souza pediu a sua equipe que já começasse a pensar em algo nos moldes do SAT americano, a avaliação usada como parte do processo seletivo das universidades dos Estados Unidos. Foi demovido da ideia.

Paulo Renato Souza morreu em junho de 2011, aos 65 anos, vítima de um infarto fulminante.

Ele foi uma das minhas grandes fontes durante anos, o que, no jargão jornalístico, significa alguém que tem uma relação de confiança com o repórter e vice-versa. Nossas conversas começaram ainda enquanto ele era ministro de FHC (período que durou de 1995 a 2002) e continuaram depois, quando passou a atuar como consultor da área de educação superior, na empresa que levava seu nome. Um homem elegante, mas que não conseguia disfarçar sua irritação. Quando algo o tirava do sério, Paulo Renato ficava literalmente vermelho de raiva.

Da sua longa trajetória como ministro da Educação, o economista Paulo Renato orgulhava-se de ter promovido a chamada universalização do ensino fundamental, o que significa que quase todas as crianças de 7 a 14 anos passaram a frequentar a escola no Brasil. Quando deixou a pasta, 97% da população dessa faixa etária estudava. No início da década de 1990, por exemplo, 25% das crianças mais pobres não estavam na escola.

Isso se deveu muito ao Fundo de Manutenção e Desenvolvimento do Ensino Fundamental e Valorização do Magistério (Fundef), um fundo inovador também criado na sua gestão que atrelou a quantidade de matrículas ao dinheiro investido na educação. Ele funcionava como uma conta bancária e recebia os recursos provenientes de impostos que seriam destinados para o ensino fundamental de todo o país. Esse dinheiro era somado e a União ainda complementava também com recursos, ajudando principalmente os estados e municípios mais pobres. Depois disso, o dinheiro era dividido conforme a quantidade de alunos em cada lugar. Os recursos passaram a ser mais bem distribuídos porque levavam em consideração o tamanho de cada rede de ensino. Os governantes, então, se esforçaram para oferecer vagas e colocar todas as crianças na escola — só assim receberiam mais verba. E o ensino fundamental foi universalizado. (Em 2007, o Fundef seria extinto por causa da criação do Fundeb, que tem o mesmo mecanismo, mas é ampliado para toda a educação básica, que inclui o ensino infantil, fundamental e médio.)

Outro motivo de orgulho de Paulo Renato era o fato de ter inaugurado a era das avaliações na educação brasileira. Até metade da década de 1990, nada se sabia sobre o desempenho dos estudantes nas escolas ou universidades brasileiras. Pior: não se conhecia sequer com precisão quantos eram os estudantes nas escolas do país em todas as etapas de ensino. O último Censo Escolar, hoje feito anualmente, tinha sido realizado em 1989.

O Instituto Nacional de Pesquisas e Estudos Educacionais havia sido criado em 1937 com o objetivo de promover estudos pedagógicos. A partir da década de 1950, com o professor Anísio Teixeira no comando, passou a fazer pesquisas educacionais e chegou a ser um órgão autônomo. Nos anos 1980, voltou a fazer parte do MEC, até perder totalmente sua relevância no governo de Fernando Collor de Mello, sendo praticamente extinto.

Ao assumir o ministério em 1995, Paulo Renato então chamou a socióloga Maria Helena Guimarães de Castro — especialista em avaliação de políticas públicas e então secretária de Educação de Campinas — para reerguer o Inep e transformá-lo em um verdadeiro instituto de pesquisa e avaliação. Apesar de ser sua colega da Unicamp, os dois nunca haviam trabalhado juntos. O nome da socióloga, que já circulava pelo ministério no governo anterior por ser presidente da União Nacional dos Dirigentes Municipais da Educação (Undime), foi sugerido a Paulo Renato pela primeira-dama Ruth Cardoso.

"O Brasil não universalizou o ensino médio. Nós não sabemos nem quantos alunos têm no ensino médio", foi o que explicou Maria Helena ao ministro. Para ela, não fazia sentido o Brasil ter um exame como o SAT sem que estatísticas básicas fossem antes organizadas. Ela e outras integrantes da equipe do ministério, quase todas mulheres, estudavam políticas educacionais há mais tempo que Paulo Renato. A contragosto, o novo chefe concordou.

Quando Maria Helena assumiu o Inep, havia quarenta funcionários na folha de pagamento, mas só dez ainda frequentavam o local — os outros já estavam alocados em outras áreas por falta do que fazer. Com dinheiro de um programa do Banco Mundial, que incentivava países da América Latina a avaliar seus estudantes, o Inep havia realizado precariamente o Sistema de Avaliação do Ensino Básico (Saeb), em 1993. O acordo havia sido assinado ainda pelo ex-presidente Itamar Franco. Os resultados em forma de tabelas estavam guardados em gavetas do Inep, à espera de análises e interpretações.

O Inep então chamou dois especialistas estrangeiros, um da Universidade de Princeton e outro do ACT (American College of Testing), além de um pesquisador brasileiro especialista em cálculo de amostras estatísticas, a fim de verificar o Saeb que tinha sido realizado. Avaliações educacionais externas à escola, para aferir o desempenho dos alunos, eram uma novidade no país. Não havia história, referência. O relatório contratado pelo Inep mostrou que o Saeb era pouco representativo, a amostra era ruim, a escala de desempenho não servia e o desenho do exame estava errado.

As conclusões e recomendações dadas pelos especialistas, hoje, beiram o óbvio. Eles indicaram que as amostras tinham de representar corretamente tanto a rede de ensino pública (municipal e estadual) como a particular. Nada disso era feito e, então, não era possível fazer comparações nem entender as diferenças.

Assim como já se fazia em países como os Estados Unidos e a França, a prova precisaria ser aplicada a alunos das séries finais de cada ciclo de escolarização (5º ano e 9º ano, por exemplo). Também foram escolhidas duas áreas para serem avaliadas no novo Saeb, português e matemática — até então, se pensava em analisar cada ano uma disciplina diferente, o que também impediria qualquer análise do sistema.

Mas a principal contribuição dos especialistas estrangeiros foi trazer ao país a Teoria de Resposta ao Item (TRI), que ganhava cada vez mais adeptos e estudiosos na década de 1990. Os itens, ou seja, as perguntas da prova, precisam ser calibrados para que os resultados das avaliações possam ser comparados ano a ano. E calibrá-los quer dizer testá-los previamente, da maneira mais simples que se possa imaginar: aplicando as questões, antes da prova oficial, a um grupo de pessoas de perfil semelhante ao que fará o exame.

Dessa maneira, as questões podem ser classificadas. As que têm mais acertos são consideradas mais fáceis, as com menos acertos, mais difíceis. A partir daí, todo exame pode ter a mesma quantidade de perguntas de cada nível. E, portanto, mesmo os alunos não respondendo a perguntas iguais ano após ano, o resultado da avaliação pode ser comparado. Isso é essencial para se analisar a melhora ou a piora do desempenho das crianças em um sistema de ensino ou no país todo. Até então, os professores que elaboravam avaliações, como os vestibulares, pensavam as perguntas apenas pelo conteúdo que queriam cobrar. Assim, havia edições em que ora o exame era mais fácil, ora mais difícil.

Maria Helena, hoje uma das principais especialistas em avaliação educacional no Brasil, não sabia nada de TRI em 1995. Mesmo assim, o ministro queria que o novo Saeb fosse realizado ainda naquele ano. Ela então descobriu que no Brasil havia apenas duas pessoas que estudavam a teoria, o pesquisador Ruben Klein, do CNPq e da Fundação Cesgranrio, e o americano Philip Fletcher, que trabalhava para a Fundação Carlos Chagas. Klein acabou explicando para a presidente do Inep do que se tratava a TRI no saguão do aeroporto de Congonhas, tamanha era a pressa em tentar tornar factível o desejo de Paulo Renato.

Mas eram tantas mudanças que precisavam ser incorporadas ao Saeb que Maria Helena teve de dizer ao chefe que a prova não poderia ser feita naquele ano. Ele ficou vermelho. "Quem é que sabe fazer isso (a TRI) no Brasil?", quis saber Paulo Renato. Depois da resposta, ele pediu que a subordinada marcasse uma reunião com os diretores da Cesgranrio e da Carlos Chagas. "E nós vamos fazer esse ano", sentenciou.

Era junho de 1995. Como só as duas fundações tinham expertise na área, Maria Helena sugeriu que se unissem num consórcio para realizar a prova, com dispensa de licitação. Carlos Alberto Serpa e Ruben Murilo Marques, respectivos diretores das duas entidades, toparam. Em novembro, o Saeb, usando a TRI, avaliou, pela primeira vez, alunos da 4ª série, 8ª série e 3º ano do ensino médio, em português e matemática. Praticamente da mesma forma que é feito até hoje.

Ao longo dos anos, os resultados mostraram aos brasileiros, de forma inédita, que alunos de 14 anos chegavam ao fim do ensino fundamental sem compreender textos. E que os de 10 anos tinham dificuldades em funções básicas como somar e subtrair.

O governo de Luiz Inácio Lula da Silva, em 2005, criaria a Prova Brasil, mais um instrumento de avaliação que se juntou ao Saeb para mostrar a situação da educação básica brasileira. Foi uma demonstração da força do legado das avaliações, criticadas por integrantes do PT quando estavam na oposição. O novo exame criado por Lula passaria a ser feito para todos os alunos do 5º ano e do 9º ano do ensino fundamental público; assim, os resultados poderiam ser divulgados por escola. Já o Saeb, até 2016, foi realizado por amostragem, incluindo o 3º ano do ensino médio e as escolas particulares. Em 2017, Maria Helena voltaria ao Ministério da Educação no governo de Michel Temer, como secretária executiva. E o Inep anunciaria que também o Saeb passaria a ser feito de forma censitária.

Ainda em 1995, foi reestruturado também o Censo Escolar, com uma nova equipe no Inep, formada a partir de outros departamentos do MEC. No ano seguinte, criou-se a primeira prova para cursos de ensino superior, o Provão, hoje extinto e desdobrado num sistema maior, do qual faz parte o Exame Nacional de Desempenho de Estudantes (Enade).

Com participação obrigatória para obtenção do diploma, o Provão foi alvo de protestos acalorados contra o governo FHC e o Ministério da Educação. A União Nacional dos Estudantes (UNE) encabeçava uma campanha com o slogan "O Provão não prova nada" e estimulava os formandos a boicotar o exame, deixando as questões em branco. Não era necessário tirar uma nota alta para receber o diploma, apenas comparecer à prova. O desempenho do aluno servia só para a certificação do curso e da instituição em que ele havia estudado. O Provão foi a primeira grande avaliação externa à escola que mobilizou os estudantes e chamou a atenção da imprensa.

Em 1998, a equipe do MEC finalmente conseguiu colocar de pé o desejo do ministro de um exame para os concluintes do antigo colegial. A própria Maria Helena sugeriu que a prova se chamasse Exame Nacional de Avaliação do Ensino Médio, que, pelas iniciais, acabou virando Enem. Mas a sigla de nome aparentemente sonoro demorou a pegar. Ainda no início dos anos 2000, os repórteres tinham de escrever o nome todo do exame nos títulos dos jornais para que o leitor soubesse do que se tratava. O fato de muita gente ainda chamar o ensino médio de colegial também não ajudava. Ninguém sabe o que é Enem, diziam os editores.

A ideia central do exame, que Maria Helena gostava de repetir nas entrevistas, era a de servir como uma referência para o aluno. Não se tratava de uma certificação, não dava direito a diploma do ensino médio e, por isso, não era obrigatório. Era quase uma autoavaliação. O MEC sugeria que o aluno pudesse usá-lo no mercado de trabalho caso a empresa que quisesse contratá-lo o requisitasse (o que nunca pegou). Ou, de alguma forma, para ingresso no ensino superior.

Naquele momento, apenas 30% dos jovens de 15 a 17 anos cursavam o ensino médio no país. A presidente do Inep acreditava que se o exame fosse obrigatório — como, na verdade, sempre quis o ministro — isso afastaria mais ainda os jovens do antigo colegial. Ter de fazer uma prova para receber o diploma de conclusão do ensino básico seria mais uma barreira à escolaridade dos adolescentes. "O que a gente vai fazer com quem não passar no exame? Não terá diploma? Quem vai querer fazer ensino médio no Brasil?", questionava.

Maria Helena e sua equipe começaram a convencer o ministro sobre a forma do novo exame. Para ajudar na tarefa, foi realizada antes, em setembro de 1997, uma prova chamada de Avaliação das Condições do Ensino Médio Brasileiro (Acem) em alguns estados onde havia um número maior de estudantes, como São Paulo, Rio e Minas. O Inep avaliou conhecimentos gerais e capacidade de leitura, e ainda elaborou um questionário para que o aluno "julgasse" sua escola. O relatório mostrou que os alunos achavam que o ensino médio não servia para nada, que não se interessavam pelo que diziam os professores e que as aulas eram distantes da sua realidade.

Um grupo de consultores do Inep analisou esse resultado e incluiu no novo modelo de prova algo que os alunos pediram em seus questionários — os adolescentes não queriam decorar fórmulas, por exemplo. A percepção dos estudantes coincidia com o que discutiam os grandes pensadores da educação no mundo, tendência que o Inep começava a aprender.

O século XXI estava sendo chamado de século do conhecimento e acreditava-se que ele seria regido, no âmbito da educação, pelas competências e habilidades gerais do indivíduo. Eram transversais e deveriam estar presentes em todas as áreas, como a capacidade de raciocínio analítico, de solução de problemas, da busca de informações e da construção da argumentação lógica. Não importava qual era a fórmula da gravidade e sim como ela influenciava na vida do estudante. Era assim — e não apenas por meio de conteúdos de matemática, química, geografia etc. — que as crianças e adolescentes do mundo deveriam passar a ser avaliados.

Quando comecei a trabalhar no *Estadão*, em 2000, a imprensa ainda se esforçava para explicar aos leitores o que eram as tais competências e habilidades. Naquela altura, o MEC já estava concluindo as Diretrizes Curriculares do Ensino Médio, um rol de novas recomendações também calcado nas competências e habilidades. No fim de 1997, a convite da Unesco, Maria Helena foi a Paris participar da comissão para a criação de um exame internacional para avaliar estudantes, o Programme for International Student Assessment. Até hoje, o Pisa, como ficou conhecido, é elaborado pela Organização para a Cooperação e Desenvolvimento Econômico (OCDE) e se tornou a mais abrangente avaliação educacional do mundo. O tema da discussão lá era o mesmo daqui: as competências e habilidades.

Maria Helena voltou animada da Europa. Sentia que o Brasil estava criando um exame de vanguarda, alinhado com o pensamento dos países desenvolvidos. Ela primeiro explicou ao ministro da Educação como seria o novo exame. Depois, precisou levar o projeto ao presidente Fernando Henrique Cardoso. "Mas não vai ter prova de português, inglês, história, geografia?", perguntou o presidente. Apesar da surpresa inicial, foi até mais fácil convencer o presidente sociólogo do que o ministro economista.

O primeiro Enem, exatamente como Maria Helena queria, foi realizado em 30 de agosto de 1998. A repercussão no dia seguinte nos jornais, de maneira geral, foi positiva. Professores e dirigentes de escolas e cursinhos gostaram da nova prova. "O exame é filosoficamente correto. Acabar com a divisão rígida é o sonho dos organizadores da Fuvest", disse José Atílio Vanin, então vice-diretor da Fuvest. O diretor de um dos colégios da elite de São Paulo, o Santa Cruz, destacou que a prova valorizava um estudante informado. "A maioria das questões contempla situações do cotidiano. Os textos trazem conceitos de cidadania e os gráficos exigem uma interpretação que é necessária em leitura de jornais, por exemplo", afirmou Luiz Eduardo Cerqueira Magalhães.*

---

* "Prova exige combinação de disciplinas". *Folha de S.Paulo*, 31 ago. 1998.

Alunos que participaram da prova também deram declarações elogiosas aos jornais. "Acho muito melhor esse tipo de avaliação, vai facilitar muito para a gente que é de escola pública e não tem muita chance no vestibular", disse João Paulo Mendes, de 17 anos.*

No entanto, o ensino médio em 1998 tinha cerca de 6 milhões de estudantes e apenas 157.148 se inscreveram para a prova. Alguns diziam que foram estimulados por seus professores a fazer o Enem e assim treinar para o vestibular. Outros, apenas para testar seus conhecimentos. Não se tinha ideia ainda do que se faria com a nota do exame. Naquela primeira prova, 15% dos que pagaram a taxa de inscrição não apareceram no dia do Enem.

A capa de *O Estado de S. Paulo* da segunda-feira, dia 31 de agosto de 1998, dava um destaque mediano ao primeiro Enem da história. A nota estava na metade inferior da página, mas o título parecia premonitório: "Exame do Ensino Médio pode ser novo vestibular."**

---

\* "Alunos querem fim do vestibular". *Folha de S.Paulo*, 31 ago. 1998.
\*\* "Exame do Ensino Médio pode ser novo vestibular". *O Estado de S. Paulo*, 31 ago. 1998.

# 4

## *O telefonema*

Minha mesa na redação do *Estadão* ficava ao lado do paredão de vidro formado pelas janelas que vão do chão ao teto do imponente prédio na Zona Norte da cidade, na avenida Engenheiro Caetano Álvares. Era um lugar privilegiado: de lá se podia apreciar a vista para o mar, como costumávamos brincar na redação, por causa da proximidade com o rio Tietê. Na verdade, não havia beleza do lado de fora, com a marginal e seu trânsito quase constante, mas eu relaxava ao observar a cidade e tentava fazer isso várias vezes ao dia.

Ao meu lado, ficava a mesa da minha chefe direta e editora do caderno Vida&, Luciana Constantino, e o aparelho de telefone com o número que receberia a ligação do suposto homem que queria vender o gabarito do Enem. Depois da reunião de pauta, no meio da manhã, quando voltei a minha mesa, trabalhei boa parte do tempo de olho nesse telefone. Apesar do meu hábito de olhar pela janela, nem mesmo lembro se fazia sol ou se chovia naquele 30 de setembro de 2009.

A redação ficava cada vez mais cheia e barulhenta com o início da tarde, e ouvir o toque do telefone, mesmo a poucos metros de distância, se tornava mais difícil. Quando Luciana não estava na mesa, eu dava pulos toda vez que via a luz do visor do aparelho dela acender. Meu horário oficial como chefe de reportagem ia até às 17 horas, e às 15 horas eu já começava a achar que aquilo não passava de uma denúncia sem fundamento.

Mas, por volta das 15h30, mais uma vez brilhou a luzinha vermelha do telefone. Corri para olhar o identificador de chamadas. Não era uma chamada interna, era um número de celular desconhecido. Luciana atendeu e transferiu para mim.

— É a Renata Cafardo? — fez questão de confirmar o interlocutor.
— Sim.
— Renata, eu estou com a prova do Enem — não demorou a dizer.
— A prova ou o gabarito?

Era a prova. O homem não se identificou e pediu que fosse chamado de informante. Perguntei o que ele via nas folhas, para tentar checar a veracidade da informação. Ele leu com dificuldade o nome do consórcio Connasel. Eu sabia que a empresa era responsável pela aplicação do Enem. Comecei a acreditar na história.

— Estou vendendo a prova — disse ele.
— Ah, sim, mas eu posso vê-la? — Tentei não demonstrar muita empolgação, um truque comum aos repórteres para não amedrontar o informante.
— Pode.
— Mas agora, hoje? — insisti.

Ele concordou e marquei um encontro para mais tarde. Peguei o número de telefone dele e desliguei. Para mim, já estava tudo acertado.

No momento em que conversava com o homem desconhecido, todos os editores e os chefes da redação faziam a tradicional reunião de pauta da tarde, em que decidiam o que estaria na primeira página do dia seguinte do jornal. Corri para a sala de vidro onde eles estavam. Achei que o assunto era importante demais para esperar. Luciana também já tinha ido para lá, depois de me passar a ligação. Fiz um sinal para ela e entrei. Então contei, em voz alta, a conversa que acabara de ter ao telefone e deixei claro que desejava ir ao encontro.

Minha intenção era apenas a de informar que deixaria minhas atribuições de chefe de reportagem por algumas horas e sairia da redação mais cedo para uma pauta na rua, como define o jargão jornalístico para entrevistas ou apurações feitas pessoalmente. A adrenalina era tanta que nem sequer imaginei que haveria alguma objeção. Mas uma sequência de questionamentos e dúvidas me surpreendeu.

O diretor do Grupo Estado, Ricardo Gandour, e seus subordinados imediatos iniciaram uma pequena reunião comigo e com Luciana. Uma das preocupações vinha do fato de o jornal estar vivendo sob censura imposta pela Justiça. Havia meses que o *Estadão* estava proibido de publicar informações sobre a Operação Boi Barrica, da Polícia Federal, que investigava o empresário Fernando Sarney, filho do ex-presidente José Sarney. A ação, movida por ele, foi autorizada pelo Tribunal de Justiça do Distrito Federal. O jornal publicava em todas as edições há quantos dias sofria censura. O impedimento duraria mais de um ano.

A então editora executiva Mariangela Hamu, experiente jornalista da área de política, que trabalhou anos em Brasília nos veículos mais importantes da imprensa brasileira, entrou no meio da reunião porque queria opinar. Mariangela é uma mulher de personalidade forte, que já havia comandado a editoria de política do jornal e na época cuidava das reportagens especiais. Ela disse categoricamente que eu não deveria ir porque talvez se tratasse de uma "emboscada". Inimigos do jornal — como a família Sarney — poderiam estar tentando armar uma situação de compra e venda de informação, o que é condenado na ética jornalística, para desmoralizar o *Estadão*. E, na opinião dela, não valia a pena arriscar.

Eu me desesperei com a possibilidade de não poder nem mesmo checar pessoalmente a informação. Mas tentava controlar minha indignação perante o alto escalão do jornal; temia parecer insubordinada. A opinião dela era respeitadíssima e ninguém rebateu de imediato.

Na sala de vidro do *Estadão*, Gandour, sentado na ponta da mesa de reunião, falava pouco. Eu estava angustiada. Marcelo Beraba, então editor-chefe do jornal, pediu que eu ligasse de novo para o homem, insistisse em mais detalhes do encontro e o questionasse para saber se estava mesmo falando a verdade.

Corretamente, eles tinham uma importante preocupação jornalística, que eu não entendi de imediato. Meus chefes queriam ter certeza de que não estávamos caindo numa cilada, acreditando numa fonte falsa, o que poderia depois prejudicar a credibilidade do *Estadão*. Tomada pela adrenalina de repórter prestes a dar um grande furo, eu só queria um sim. Alguém na reunião perguntou quanto ele cobraria pela prova; eu não sabia. Liguei então para o número que havia anotado.

Quinhentos mil reais, foi a resposta. Repeti algumas perguntas e inventei outras. Ele me contou que tinha a prova de "português, de matemática e a redação". Estava apavorada com a ideia de ele desistir de se encontrar comigo e queria encurtar a conversa por telefone. Eu sabia que minha matéria só existiria se eu visse a prova. Fiz questão de não perguntar como a prova, que deveria estar em segurança máxima, tinha ido parar em suas mãos. O homem poderia ficar inseguro com tantas perguntas.

Mesmo sem decisão alguma tomada pela direção, confirmei o encontro para as 19 horas. Ele sugeriu o Shopping Villa Lobos, na Zona Oeste de São Paulo. Achei longe demais, e porque teria de enfrentar a hora do rush, troquei o local para um café na avenida Sumaré, bem perto do *Estadão*. Dias depois, iria me arrepender dessa decisão. O shopping provavelmente contava com câmeras de segurança que registrariam o encontro e facilitariam a investigação e a busca pelos criminosos.

Voltei para a sala de vidro e contei mais do que tinha apurado. Então houve uma decisão. Foi a firmeza de Beraba, ex-ombudsman da *Folha de S.Paulo*, trazido do Rio para reforçar a direção do jornal, que garantiu que eu fosse ao encontro do homem que queria vender a prova.

O carioca Beraba estava numa ótima fase no tradicional jornal paulista. A convite de Gandour, tinha assumido o cargo de editor-chefe havia dois meses. E se tornara o protagonista na redação. Tinha experiência e talento para melhorar o marasmo instaurado no *Estadão*. Era admirado por todos, principalmente porque se envolvia muito na produção das reportagens. Queria notícias, histórias bem-contadas, furos. Exigia qualidade mais do que qualquer chefe jamais havia exigido nos últimos anos de jornal. No entanto, não havia qualquer rivalidade com Gandour, pelo contrário. Contava com o respeito e a admiração do diretor do jornal, e por isso foi a opinião de Beraba que prevaleceu. Ele sentiu confiança no que eu descrevera. Mas algumas condições foram impostas.

Beraba havia sido muito amigo de Tim Lopes, jornalista da TV Globo assassinado em 2002 em um dos casos mais chocantes da história da imprensa brasileira. Tim fazia uma reportagem sobre tráfico de drogas e abuso de menores em bailes funk na Vila Cruzeiro, no Rio de Janeiro, quando foi capturado e torturado por traficantes. Seu corpo foi carbonizado e somente pôde ser identificado com exames de DNA. Impactados pelo assassinato de Tim, um grupo de jornalistas — incluindo Beraba — criou a Associação Brasileira de Jornalismo Investigativo (Abraji). Depois disso, dedicou-se a criar políticas de segurança em todos os veículos em que trabalhou.

Ele temia que eu pudesse sofrer algum tipo de agressão, já que não se sabia sequer quem era meu interlocutor. Disse que não deveria ir sozinha a um encontro às escuras. Então sugeri o nome de Sergio Pompeu, um amigo experiente e confiável, para me acompanhar. Serginho editava o caderno especial de educação do jornal, o Pontoedu, e por isso também conhecia bem o Enem. A chefia designou ainda os dois fotógrafos que iram comigo ao encontro, para dar segurança e também tentar registrar todos os passos.

E, mais importante, foi decidido que eu devia dizer, em algum momento da conversa com o tal homem, que o *Estadão* não comprava informação, que isso não era prática da família Mesquita, proprietária do jornal. Ou seja, eu precisava deixar claro que o negócio da venda do Enem não se concretizaria.

Eu concordava plenamente com a prática, aliás de toda a imprensa séria brasileira, de não comprar informações. Mas não gostei da ideia de avisar previamente nesse caso. Sabia que isso poderia prejudicar a coleta de informações e até me impedir de ver a prova. Quem mostraria uma mercadoria a alguém que dissesse que não tem interesse em comprá-la?

Ok, respondi. Eu concordaria com qualquer coisa, desde que me deixassem ir ao encontro.

# 5

## *E os outros telefonemas*

Minha determinação em ir falar pessoalmente — e rápido — com a pessoa que dizia estar com a prova do Enem não tinha muito a ver com medo da concorrência. Eu acreditara na voz do outro lado da linha. Aquilo fazia sentido para mim. Como jornalista especializada na área de educação, eu cobria a história do Enem de perto, há anos.

Pelo que vinha escutando de fontes nos últimos meses, eu imaginava que era muito provável que um vazamento pudesse, de fato, ter acontecido. E que estava possivelmente diante de uma grande história jornalística. Características da minha personalidade, como a curiosidade e a ansiedade, também me ajudaram a agir rápido.

No momento em que recebi o telefonema, ingenuamente cheguei a acreditar que era a única que havia sido contatada. Por ter chamado especificamente pelo meu nome na redação e me procurado por dois dias seguidos, acreditei que meu interlocutor tinha me escolhido. Mas, na noite de 29 de setembro de 2009, quando um bilhete de post-it foi deixado sobre a minha mesa avisando do primeiro telefonema, algo parecido tinha acontecido na redação do principal concorrente do *Estadão*.

A *Folha de S.Paulo*, na rua Barão de Limeira, no centro da cidade, já estava quase vazia quando tocou o telefone na mesa da então editora adjunta do caderno Cotidiano, Denise Chiarato, por volta das

23 horas. Um homem que se apresentou como antigo funcionário do departamento comercial do jornal disse que tinha uma denúncia. Contou que dois amigos dele estavam com a prova do Enem. E deu a entender que queria iniciar uma negociação.

Denise respondeu prontamente que a *Folha* não pagava para fazer suas reportagens. Mas achou por bem consultar a chefia sobre a denúncia e pediu ao homem que ligasse novamente em 10 minutos.

A editora tinha então vinte anos de jornalismo, nove deles na *Folha*. Para ela, parecia no mínimo estranho que alguém quisesse vender a prova do Enem para um jornal e não para cursinhos ou colégios, mais interessados em usar a informação em benefício próprio.

Denise caminhou até o local da primeira página do jornal, seção onde ficam os chefes da *Folha*, e contou a história ao então secretário de redação Ricardo Mello. A instrução que recebeu foi de tentar enrolar o homem e marcar um encontro para o dia seguinte, quando enviariam a experiente repórter Laura Capriglione para apurar a história.

Como combinado, o telefone tocou novamente na mesa de Denise. Ficou acertado que o homem ligaria no dia seguinte, de manhã, no celular da editora, para combinar local e hora de um possível encontro entre a jornalista e os dois amigos.

No dia seguinte, 30 de setembro, Denise e Laura esperaram, mas ninguém ligou. O telefone dado pelo informante também não atendeu. O setorista de educação da *Folha*, Fábio Takahashi, estava de férias na Europa e não foi incluído no eventual esquema de cobertura. (Eu e Fábio, repórteres concorrentes, começamos a namorar poucos meses depois do escândalo do Enem, nos casamos e hoje temos dois filhos.)

Na tarde do dia anterior, 30 de setembro, o telefone também tocou no prédio da Editora Globo, no Jaguaré, Zona Oeste de São Paulo. Novato em redação e locado na editoria de economia da revista *Época*, o repórter Thiago Cid não acreditou muito no que ouvira daquela ligação que aleatoriamente fora transferida para o seu ramal. Um homem disse a ele que tinha em mãos a prova do Enem. Thiago, na ocasião com 26 anos e trabalhando havia três na revista semanal, relatou a conversa apenas ao seu chefe imediato, Marcos Coronato, editor de economia da *Época*. Pediu permissão para sair da redação a fim de encontrar o homem que dizia ter a prova. "Sim, vá, tome cuidado. Mas não demore porque temos muita coisa pra fechar", disse Coronato, que entrara naquele ano na revista. O editor, então com 38 anos e dezesseis de profissão, também não confiou na história.

A direção da *Época* e colegas que cobriam a área de educação não foram avisados do que acontecia, nem por Thiago nem pelo seu editor. O repórter também não se lembrou de pedir — nem recebeu voluntariamente — qualquer instrução de como deveria agir com os supostos denunciantes.

A editoria de economia, onde o telefonema caiu, estava muito ocupada. Fechava uma edição especial sobre empresas e clima. Thiago ainda tinha duas grandes tarefas, a apuração e a finalização de uma matéria de capa sobre microempreendedorismo, e precisava ajudar em outra reportagem especial, sobre aposentadoria. O repórter só pensava nas mais de vinte páginas que tinha de escrever.

Para não perder tempo no trânsito, Thiago marcou o encontro em uma lanchonete do McDonald's perto da redação da revista. No estacionamento, um dos homens se aproximou e quis começar uma negociação. Falou de seu interesse em vender o Enem e mencionou a quantia de R$ 500 mil. Thiago pediu para ver o material. Outro homem apareceu no local, mas nenhum dos dois disse estar com a prova em mãos. Garantiram, no entanto, que, caso fechassem o negócio, trariam o exame que estava guardado com outra pessoa. Thiago, ansioso e temendo faltar com a ética jornalística, deixou bem claro que a revista em que trabalhava não pagaria pela informação. Ele se lembrava bem das aulas que havia tido alguns anos antes no Curso de Focas, treinamento dado a recém-formados em jornalismo pelo *Estadão*. Os professores ensinam que informações não são compradas.

O jovem repórter nunca tinha participado de matérias investigativas. Sentia-se despreparado e desprovido de malícia para lidar com apurações daquele tipo. Durante toda a conversa com os dois homens, torcia para que não estivesse fazendo algo errado e, consequentemente, perdendo uma grande reportagem. Ao se despedirem, Thiago se lembrou de pegar o número de telefone de um deles e combinou de ligar mais tarde, para verificar se já estavam com a prova. E acrescentou: "Sinceramente, não confio em vocês, preciso que me mostrem alguma coisa."

De volta à redação, Thiago contou o que aconteceu para Coronato, que concordou com a atitude e os procedimentos adotados pelo repórter. Os dois voltaram para o fechamento das matérias de economia, o que os prendeu na redação até quase a madrugada. Durante a noite, o repórter ainda tentou contato por telefone com os homens, como havia combinado, mas ninguém atendeu. Eram por volta das 19 horas.

Naquele momento, os mesmos dois homens já estavam no café da avenida Sumaré conversando comigo. Quando Thiago foi dormir, ele já havia praticamente se esquecido de uma eventual matéria sobre o Enem. "Essa foi a maior lição na minha história no jornalismo", disse-me, anos depois, o simpático e hoje ex-repórter Thiago Cid. Ele deixou o jornalismo para cuidar dos negócios da família em Minas Gerais.

Rafael Sampaio, então repórter e editor do portal R7, também desistiu da profissão alguns anos depois de ter contato com os homens que queriam vender a prova do Enem. O novo site da TV Record havia sido lançado no dia 27 de setembro de 2009, como um grande investimento do grupo em jornalismo on-line. A ideia era competir com sites de boa audiência na época, como UOL, Terra, IG e principalmente o G1, da concorrente TV Globo.

Três dias depois do R7 ir ao ar pela primeira vez, no mesmo 30 de setembro em que recebi a ligação dos homens que diziam ter a prova do Enem, Sampaio também foi procurado. A pessoa que falou com ele se apresentou como Fábio. Marcaram um encontro às 14h30 para que Sampaio pudesse verificar a autenticidade da informação.

Em uma mesa do Parque Villa-Lobos, na Zona Oeste de São Paulo, Sampaio pôde folhear as páginas do Enem. "Isso vazou para mim através de um colega que é da PF, de Brasília. Ele tinha cargo dentro do Congresso e perdeu por conta de uma indicação política. É uma forma de se vingar e de levantar dinheiro", disse Fábio a Sampaio. Outro homem também fez parte do encontro. Os dois pediram R$ 500 mil para entregar o material para publicação no R7. Isso aconteceu cerca de cinco horas antes de eu encontrar também os mesmos homens. Sampaio voltou para a redação. Por ser um veículo on-line, teria até mais agilidade que o jornal impresso para dar o furo.

No entanto, só no dia seguinte, quando o *Estadão* já estava nas bancas, e o Enem, cancelado por causa da nossa matéria, o R7 noticiou o encontro.

O texto, publicado às 10h12 do dia 1º de outubro, começava da seguinte maneira: "A reportagem do R7 também foi procurada na quarta-feira (30) por um homem que mostrou um caderno com as questões do Enem que supostamente seriam cobradas no domingo — uma delas trazia no enunciado a 'Canção do exílio', de Gonçalves Dias, e outra abordava a música 'É proibido proibir', de Caetano Veloso. O tema da redação era o Estatuto do Idoso."[*]

Procurei Sampaio e outros jornalistas que ainda trabalham no R7. Eles não quiseram dar entrevista ou não retornaram meus contatos. E nunca explicaram por que não publicaram a história do vazamento do Enem no mesmo dia.

---

[*] "Grupo que vazou Enem também procurou R7". R7, 1º out. 2009. Disponível em: <http://noticias.r7.com/educacao/noticias/grupo-que-vazou-enem-tambem-procurou-o-r7-20091001.html>. Acesso em maio de 2017.

6

*Dos milhares aos milhões*

Entre 1998 e 2009, a forma do Enem permaneceu a mesma, mas seu significado se expandiu muito. Ainda sob o comando de Paulo Renato Souza, os exames realizados até o ano 2000 não passaram dos 390 mil candidatos. O Ministério da Educação tentava, sem muito sucesso, alavancar o Enem como uma credencial para o jovem ingressar no mercado de trabalho.

A ideia era de que o resultado indicaria mais facilmente ao empregador as habilidades e competências de cada candidato à vaga. Mas o que mais progrediam eram as negociações com faculdades e universidades para que utilizassem o Enem como um complemento aos seus vestibulares. Era algo totalmente novo na história dos processos seletivos no país. A pontuação que o estudante conseguia no exame passou a ser somada ao seu desempenho no vestibular. A fórmula usada podia variar, mas sempre fazia com que a nota do aluno aumentasse com a ajuda do Enem.

"Ele mostra outra face do aluno", dizia o então diretor da Fuvest em 2000, Roberto Costa, sobre o exame do MEC. A USP era uma das 128 instituições que aceitavam a nota da prova em seu vestibular naquele ano.* Ela significava 20% da primeira fase do vestibular da

---

* Marta Avancini, "Enem faz teste para ser o novo vestibular". *O Estado de S. Paulo*, 27 ago. 2000.

Fuvest. O aluno podia receber entre meio e sete pontos a mais na nota final. Quem não fazia o Enem já entrava perdendo na disputa.

Mas a junção de Enem e vestibular ainda era algo polêmico. A discussão ocupava as páginas de educação dos jornais. O diretor da Vunesp, fundação responsável pelo vestibular da Universidade Estadual Paulista (Unesp), Fernando Prado, chegou a declarar que tinha aderido ao Enem "por um pedido do ministro da Educação para que as universidades ampliassem seus métodos de seleção". Ele dizia ter feito isso em 1999 mesmo sem ter gostado do exame anterior.*

Finalmente, em 2001, o exame ganhou o alcance que o Ministério da Educação na época dizia almejar: 1,6 milhão de inscritos, quatro vezes mais estudantes do que no ano anterior. Também chegou a ser considerado pelo governo e pela imprensa como o maior exame do mundo em número de participantes. Mas a adesão recorde não se deu por uma aceitação relâmpago e maciça do exame, e sim porque o MEC deixou de cobrar dos alunos de escolas públicas a taxa de inscrição no Enem.

Apesar dessa ajuda puramente econômica, era inegável que o Enem ganhava força. Passava a ser visto também como uma forma de democratização do acesso ao ensino superior. Como a prova não cobrava conteúdo e sim raciocínio, acreditava-se que os alunos oriundos de escolas públicas também poderiam se dar bem e, com a ajuda do Enem, conseguir sua vaga na faculdade. A adesão chegava a 277 instituições de ensino superior.

Só na capital paulista foram 130 mil inscritos, quase a mesma quantidade de pessoas que havia participado do exame no Brasil todo em 1998. Mesmo com as faltas no dia da prova, 1,2 milhão fizeram o Enem de 2001.

"Um dos objetivos foi sempre que ele viesse a substituir o vestibular", disse o então ministro Paulo Renato em uma entrevista ao

---

* Juliana Junqueira, "Vestibular e Enem permitirão avaliação ampla dos alunos". *O Estado de S. Paulo*, 23 ago. 1999.

*Estadão* em 2002.* No ano anterior, uma portaria do governo chegou até a pedir a obrigatoriedade da aceitação do resultado do Enem para ingresso nas faculdades e centros universitários, mas o artigo causou polêmica e acabou sendo retificado. O texto passou a sugerir que as instituições utilizassem a nota da redação do Enem em vez de submeter o candidato a uma prova de redação própria. A polêmica continuava nos jornais. "A ligação com o vestibular é a grande contradição do Enem", afirmou o então vice-diretor da Faculdade de Educação da USP, Nelio Bizzo.** Segundo ele, a prova tinha nascido com a intenção de mostrar ao ensino médio que não deveria apenas preparar o aluno para o vestibular. E, naquele momento, de acordo com Bizzo, o próprio Enem estimulava os alunos a conseguir uma nota melhor no exame para ajudar justamente no processo seletivo para uma vaga no ensino superior.

Por outro lado, grande parte dos reitores de grandes universidades federais acreditava que não poderia substituir seus vestibulares por um exame simples que não tinha, por exemplo, perguntas discursivas. O Enem era feito só com 63 testes de múltipla escolha. Seria um retrocesso na forma de seleção, acreditavam alguns. Entre as centenas de instituições que aceitavam o exame, a maioria era particular; poucas federais consideravam a nota da prova em seus vestibulares.

No ano de 2002, último do governo Fernando Henrique Cardoso, o Enem recebeu 1,8 milhão de inscritos. Foi a mesma quantidade do ano seguinte, em que começava o primeiro mandato de um presidente do Partido dos Trabalhadores (PT), Luiz Inácio Lula da Silva.

Em 2003, o ministro da Educação de Lula era Cristovam Buarque, um crítico conhecido dos vestibulares. Também não gostava do Enem do jeito que ele era. Ex-reitor da Universidade de Brasília (UnB), ele tinha a ideia de transformar o exame numa avaliação

---

* Renata Cafardo e Marcos de Moura e Souza, "Ministro diz que exame surgiu para substituir processo seletivo". *O Estado de S. Paulo*, 25 ago. 2002.
** Idem.

seriada, feita a cada fim de ano do ensino médio, num modelo parecido ao usado pela UnB em sua seleção. Mas, em 2003, apesar de desacreditada pelo PT, a prova foi realizada em 31 de agosto sem mudanças. "O problema é que ele não ajuda os mais pobres a ingressar na instituição pública", disse o então presidente do Inep, Luiz Araújo,* sobre o Enem naquele ano.

O MEC gastava então R$ 44 milhões com o exame e seus novos dirigentes não economizavam nas críticas. O título da reportagem assinada por mim no *Estadão* naquele dia era "Começa hoje o Enem que pode ser o último", tamanha a incerteza sobre o futuro da prova.

Estatísticas da época mostravam que, como quase todo mundo fazia o Enem, a pontuação a mais, oferecida antes como uma vantagem nos vestibulares, acabava fazendo com que todos melhorassem. E a competição voltava a se igualar.

Apesar disso, em 2004, o governo Lula também manteve o Enem do mesmo jeito. Em 2005, no entanto, a história da prova começou a mudar. No ano anterior, o ex-prefeito de Porto Alegre Tarso Genro substituiu Cristovam Buarque no comando do ministério. Trouxe com ele Fernando Haddad. E o ProUni.

A história de Tarso e Haddad começou nos anos 1990 e beira o "romantismo". Tarso já era uma liderança do PT e até chegara a ser cogitado para concorrer à presidência do Brasil. Haddad finalizava seu doutorado na Faculdade de Filosofia, Letras e Ciências Humanas na Universidade de São Paulo (USP) e publicava alguns textos em jornais. Em artigo de 1996 na revista *Teoria e Debate*, editada pela Fundação Perseu Abramo, ele falava de sua escolha pela evolução do materialismo histórico como área de pesquisa. "Eu nunca perdi de vista o fato de que entre a publicação de *O capital* e minha leitura havia transcorrido mais de um século, de maneira que meus interesses intelectuais não se restringiram nunca à litera-

---

* Renata Cafardo, "Começa hoje o Enem que pode ser o último". *O Estado de S. Paulo*, 31 ago. 2003.

tura marxista, mas impeliam-me com muita energia a conhecer os principais críticos de Marx." Haddad havia se formado em Direito pelo Largo de São Francisco, onde lera pela primeira vez *O capital*. Posteriormente, tornou-se mestre em Economia, também pela USP, "onde conheci os economistas neoclássicos, dentre os quais dois dissidentes extraordinários: Schumpeter e Keynes".*

A coincidência de ideias fez Tarso e Haddad começarem a se corresponder por cartas. Enviavam um ao outro textos acadêmicos com reflexões políticas, críticas ao modelo soviético e às esquerdas tradicionais, e sobre novas formas de atuações dos movimentos sociais. Mas foram somente trabalhar juntos pela primeira vez quando Haddad mudou-se para Brasília, em 2003. Ele tinha então 40 anos e havia chegado com a mulher, Ana Estela — ambos professores da USP, licenciados para assumir cargos de terceiro escalão no governo Lula. Ganhariam salários de menos de R$ 6 mil cada. Haddad seria assessor de Guido Mantega no Planejamento e Ana Estela, de Cristovam Buarque, no MEC.

No Planejamento, uma das atribuições de Haddad passou a ser redigir a futura lei da Parceria Público-Privada (PPP), que seria aprovada em 2004. Ele então sugeriu que o projeto fosse apresentado no chamado Conselhão, como ficou conhecido o Conselho de Desenvolvimento Econômico e Social (CDES), criado por Lula em junho de 2003, poucos meses depois de assumir a presidência. O objetivo era o de juntar governo e sociedade civil para debater propostas de políticas públicas. Tarso Genro cuidava do Conselhão. E os dois passaram a ter um contato muito próximo.

Ao mesmo tempo, Ana Estela, que tem formação em Odontologia, mas trabalha com pesquisas nas áreas de Educação e Saúde, passou a estudar o financiamento do ensino superior no MEC. O país havia passado por um grande período de expansão de vagas de universi-

---

* Fernando Haddad, "O livro que fez a cabeça de Fernando Haddad". *Teoria e Debate*, 31 out. 1996.

dades privadas, mas sem grandes investimentos em programas de financiamento estudantil. Diariamente, ela via chegar ao ministério uma enorme quantidade de cartas com pedidos de ajuda para pagar os estudos. Uma em especial a emocionou, a de uma mãe que pagava o financiamento estudantil de um filho que já havia morrido. O único programa então oferecido pelo MEC, o Fies, era precário e não tinha nenhum seguro para casos de falecimento. Ana Estela se lembrou então de um projeto frustrado do marido, que tentou implementar na prefeitura de São Paulo, quando trabalhou com Marta Suplicy, um programa de bolsas para alunos carentes no ensino superior. Ela conversou com Haddad. Marido e mulher começaram a desenhar o que viria a ser o Programa Universidade para Todos (ProUni).

O programa se assemelhava a uma PPP, por isso Haddad não teve dificuldade de formatá-lo. Ele cuidou da parte econômica e jurídica; Ana Estela, da contábil e da educacional. A ideia era que, por meio do ProUni, estudantes de baixa renda pudessem estudar pagando pouco ou nada em universidades privadas que aderissem ao programa em troca de isenção de Imposto de Renda, Contribuição Social de Lucro Líquido, PIS e Cofins. Seriam oferecidas bolsas de 100% a alunos cuja renda familiar fosse de um salário mínimo e meio. Para rendas maiores, haveria opções de bolsas de 50% ou 25%. Ana Estela chegou a apresentar a ideia a Cristovam em 2003, mas ele não levou o programa adiante.

Em 2004, no entanto, depois de se aproximarem no Conselhão, coincidentemente Tarso foi chamado para assumir o MEC. Escolheu Haddad para ser seu secretário executivo, sem nem saber da ideia engavetada do programa de bolsas. "Você tem sorte. Tenho um projeto para fazer 100 mil caras estudarem de graça na universidade", adiantou Haddad a Tarso, em um jantar em um domingo à noite, ao aceitar o convite.

O novo ministro gostou da ideia na hora. Mostrou a Lula na primeira reunião ministerial de que participou. Mas a ligação do

ProUni com o Enem não foi planejada por Haddad e Ana Estela. Ao apresentar o projeto no Inep, servidores de lá sugeriram que a nota da prova fosse incluída como uma condição de aprovação no programa. Seria uma forma de selecionar o aluno e também de valorizar o exame, que vinha sendo criticado pelo PT. Haddad topou.

A lei que instituiu o ProUni saiu em 13 de janeiro de 2005. As universidades precisavam aderir ao programa. Mas, já no primeiro ano, ofereceu cerca de 100 mil vagas em instituições privadas de todo o país para alunos pobres que tivessem média acima de 45 pontos no Enem. Foi o segundo grande salto da prova. O número de inscritos dobrou de 2004 para 2005, passando de 1,55 milhão para 2,99 milhões.

"Jamais imaginei que o Enem fosse me colocar na universidade", declarou a estudante Suelen de Oliveira, que passou a estudar Administração graças ao ProUni.* Em setembro de 2005, quando foi realizado o Enem, Tarso já havia sido chamado pelo PT para assumir a presidência do partido, em meio à crise do escândalo do mensalão, e Haddad acabou se tornando ministro da Educação.

Ele mudou completamente o discurso com relação à prova, se comparado ao que diziam os dirigentes do MEC no início do governo Lula. Chegou a comemorar nos jornais o que chamava de "consolidação" do Enem a partir da "nova perspectiva" dada a ele pelo governo atual.

Em 2006, novo recorde: 3,7 milhões de inscritos no Enem. Quase a totalidade dos alunos que se formavam no ensino médio brasileiro — algo em torno de 2 milhões — fazia a prova ao terminar a escola. O restante eram jovens que tinham encerrado o ensino médio em anos anteriores e viam agora a possibilidade de conseguir um lugar na faculdade ao realizar o exame.

---

* Renata Cafardo, "Três milhões participam hoje do Enem". *O Estado de S. Paulo*, 25 set. 2005.

Nesse mesmo ano, o MEC resolveu divulgar, pela primeira vez, a nota de cada escola pública ou particular cujos alunos participaram do Enem. Foi o que se passou a chamar "Enem por escola". Prontamente, os dados foram usados pela imprensa e, claro, pelas instituições mais bem avaliadas para montar rankings das piores e melhores do Enem. Ao longo dos anos, tal prática ganhou dimensões impensadas, como até a criação de colégios específicos apenas com bons alunos, selecionados a dedo, para liderar a lista do Enem.

"Nossa proposta é que pais e gestores utilizem o instrumento como uma forma de ajudar a melhorar a qualidade do ensino", justificava o ministro Fernando Haddad na época.\* Apesar disso, a divulgação e os consequentes rankings se tornaram a maior arma de publicidade das escolas privadas mais bem posicionadas — e a ruína das que apareciam no fim da lista.

O Enem avançou milhares de casas na escala da relevância no mercado educacional. Uma boa nota não só mais ajudava o jovem estudante, mas também instituições particulares, ávidas por alunos. O exame passou a interferir no mercado das escolas privadas.

---

\* Luciana Constantino, "Colégios do Rio têm o melhor resultado". *Folha de S.Paulo*, 9 fev. 2006.

# 7

## *Calça de flanela*

Saímos do Fran's Café da avenida Sumaré perto das 20 horas. Andamos pela avenida, desnorteados, procurando o carro de reportagem. Ao me sentar no banco do Gol prata de *O Estado de S. Paulo*, eu disse em voz alta: é o Enem. Pensava em cada imagem que acabara de ver, logotipos do Connasel, do Brasil para Todos, o slogan do governo federal, perguntas longas e contextualizadas. Eu me sentia quase anestesiada, emocionada. O que estava acontecendo era inacreditável.

"Se for mesmo o Enem, você me colocou na maior história da minha carreira, Renata", disse-me Serginho. Ele então sugeriu o que deveríamos fazer. Eram mais de 20 horas, o primeiro fechamento do jornal já estava concluído, mas voltaríamos à redação imediatamente e faríamos a matéria naquela mesma noite. Acabara de completar uma jornada de 12 horas de trabalho, mas nem pensei em não concordar com ele.

A diretoria do jornal já nos esperava. Ricardo Gandour, diretor do Grupo Estado, Marcelo Beraba, editor-chefe do jornal, e Luciana Constantino, editora do caderno Vida&, reuniram-se conosco para ouvir o que tinha acontecido no café. Luciana cogitou ligarmos para o Ministério Público, mas acabou sendo acertado que trataríamos direto com o MEC.

A estratégia montada era a de que eu ligaria para o ministro da Educação e passaria as informações. Pediria então o e-mail dele e mandaria por escrito a descrição das questões que eu tinha decorado. Tudo deveria ficar registrado: os telefonemas precisariam ser gravados e os e-mails valeriam como documentos. Seriam as provas de que estávamos fazendo tudo com ética e transparência.

Às 19h30, o assessor de Comunicação Social do MEC, Nunzio Briguglio, havia encerrado seu expediente. Ligou para a mulher e comentou que precisava comprar uma calça de flanela no shopping, para levar para a Suíça, numa viagem que seria feita na semana seguinte, com o ministro Fernando Haddad. Ela pediu, então, que o marido a buscasse para acompanhá-lo. Ao entrarem no shopping de Brasília, o celular de Nunzio tocou, por volta das 21 horas. "Você ligando a essa hora, Renata? Vou até parar o carro."

O paulistano Nunzio mudou-se para Brasília em 1986, durante o governo de José Sarney, para trabalhar no Ministério da Saúde. Havia passado por redações como *Folha de S.Paulo*, *IstoÉ* e *Correio Braziliense*. Durante o governo Lula, ocupou o cargo de superintendente de comunicação da Infraero até abril de 2006, mas teve a sorte de sair da empresa justamente antes do que ficou conhecido como caos aéreo no país.

O período de atrasos subsequentes nos aeroportos evidenciou falhas operacionais no sistema e teve como estopim o acidente com o avião da Gol, em setembro de 2006, um dos mais graves desastres aéreos do Brasil. A aeronave da Gol havia saído de Manaus e faria uma escala em Brasília, antes de seguir para o Rio. Quando sobrevoava o Mato Grosso, ela se chocou com um jato Legacy e caiu na mata fechada. Os ocupantes do jatinho sobreviveram, mas todos os 154 passageiros e tripulantes do avião da Gol morreram. Por meses, o caos aéreo foi o assunto principal da grande imprensa e levou à queda do ministro da Defesa do governo Lula, Waldir Pires.

Nunzio assistiu à crise de longe. Depois de pedir demissão da Infraero, mudou-se por alguns meses para a Itália, onde trabalhou

com a organização da imprensa estrangeira na eleição para primeiro-
-ministro de Romano Prodi, político de centro-esquerda conhecido
como O Professor, no que Nunzio definiu como "quase uma guerra
santa para tirar o Berlusconi". Silvio Berlusconi perdeu as eleições
em 2006, mas voltou ao poder em 2008, depois do colapso do governo Prodi.

Pouco tempo depois de retornar da Europa, em 1º de agosto de
2006, aceitou um convite para chefiar a comunicação do Ministério
da Educação. Amigos em comum o apresentaram a José Henrique
Paim, então secretário executivo, e a Luiz Massonetto, chefe de gabinete de Haddad, que procuravam um bom nome para substituir a
jornalista que estava no cargo e tinha problemas de saúde. Nunzio
não conhecia Haddad.

O ministro assumira a pasta em julho de 2005 e aparecia pouco
na imprensa. Não conhecia sequer os protocolos de um ministro de
Estado, como sentar-se no assento da janela de um avião e deixar seu
assessor no corredor. Certa vez, numa das primeiras viagens com
Nunzio, uma amiga perguntou quem era o ministro da Educação
de Lula, a quem o secretário assessorava. Haddad estava ao lado
dele e a amiga não o reconheceu.

A relação entre os dois não foi fácil no início. Nunzio é filho de
pai italiano e mãe portuguesa. Tem temperamento explosivo, e uma
franqueza que facilmente pode ser confundida com rispidez. É um
apaixonado por cinema e música, em especial a clássica. Em sua sala
no MEC, quando atendia jornalistas, por telefone ou pessoalmente,
havia sempre óperas e sinfonias ao fundo. As paredes eram orna-
mentadas com pôsteres de *La Bohème* e Giuseppe Verdi.

Nunzio é um assessor capaz de elogiar uma boa matéria mesmo
quando ela expõe falhas de seus próprios clientes. Em seus tempos
de MEC ou até no cargo de secretário de Comunicação da prefeitura de São Paulo, assumida por Haddad em 2013, costumava mandar
mensagens aos repórteres parabenizando por excelentes apurações.
Mas raramente enviava cartas aos jornais reclamando dos colegas.

Como todos os políticos, Haddad gosta de ler reportagens positivas sobre seus projetos. Como todos os políticos, é muito vaidoso. Sente-se perseguido quando a imprensa faz críticas. Era assim no MEC, e mais ainda na prefeitura de São Paulo, quando grande parte da imprensa não lhe deu folga por investir em programas como as ciclofaixas e os corredores de ônibus.

Um dos trabalhos diários de Nunzio sempre foi o de tentar convencer o chefe de que os repórteres que escreviam matérias críticas não estavam pessoalmente contra ele. Jornalista antigo, ele contava histórias de seus tempos de redação para explicar a Haddad que muitas vezes as pautas são determinadas pela chefia do veículo, e é preciso cumpri-las.

Antes do MEC, Haddad tinha lidado muito pouco ou nada com a imprensa. Havia trabalhado na secretaria de finanças da prefeitura de São Paulo com João Sayad, durante o governo de Marta Suplicy, e sido assessor especial do Ministério do Planejamento, cargo de terceiro escalão. Em fevereiro de 2004, assumiu o cargo de secretário executivo do MEC, a convite de Tarso Genro. Quando este deixou o ministério, Haddad foi inicialmente visto como um tapa-buraco. Era o primeiro nome na linha sucessória e ficaria por lá até a definição das eleições presidenciais do ano seguinte.

Apesar de desconhecido, quando Nunzio chegou ao MEC, Haddad tinha em seu currículo no ministério a criação do ProUni. Durante a sanção da lei do ProUni, em janeiro de 2005, Lula havia chamado o projeto de o "primeiro passo para o resgate da dívida governamental com o setor de educação".* (E, anos depois de deixar o cargo, durante defesa de seu governo quando investigado pela Polícia Federal, citou o ProUni como um dos maiores ganhos sociais já oferecidos para a população brasileira.) Dados de 2016 indicavam que mais de 1,9 milhão de pessoas estudavam ou haviam cursado o ensino superior com bolsas do ProUni.

---

* Rose Ane Silveira, "Presidente Lula sanciona lei do ProUni". *Folha de S.Paulo*, 13 jan. 2015.

Com a reeleição de Lula, Haddad foi convidado a permanecer no cargo. Foram duas as razões principais: o sucesso do ProUni e um grande projeto, que já estava em gestação durante a transição, o Plano de Desenvolvimento da Educação (PDE).

O PDE, lançado em 2007, tinha 25 metas para a educação básica e superior. Uma das mais inovadoras era a criação do Índice de Desenvolvimento da Educação Básica (Ideb), que, pela primeira vez na história, traçava metas de desempenho para cada ano, escola, estado e município brasileiro.

Chamava também a atenção o fato de o MEC passar a focar mais esforços e recursos na educação básica brasileira. O governo federal tradicionalmente tinha como maior preocupação o ensino superior e a responsabilidade financeira de manter as universidades federais. Os números mostram como, de fato, houve mudança. Em 2000, por exemplo, o gasto público por estudante do ensino superior no Brasil era onze vezes maior do que o do ensino básico. Essa relação caiu para 3,7 em 2014 (dados mais atuais). O investimento no superior permaneceu praticamente inalterado. O que cresceu foi justamente o ensino básico. Boa parte desse investimento público vem do governo federal.

O plano era inovador também porque atrelava resultado a investimentos financeiros na educação. O PDE foi manchete do *Estadão*, em 16 de março de 2007, dia seguinte ao lançamento, com o título "Novo plano cria provinha para avaliar alfabetização".[*] O foco era a Provinha Brasil, que fazia parte do PDE e passou a avaliar crianças do 2º ano. No lançamento, o presidente Lula disse que o Brasil estava "no pior dos mundos" em matéria de educação. A foto da capa mostrava Lula brincando com Haddad, os dois sorridentes, perfeitamente entrosados. No evento, o presidente defendeu a permanência de Haddad no cargo, cobiçado por Marta Suplicy, com o argumento de que precisava de técnicos para pastas como Educação e Saúde.

---

[*] "Novo plano cria provinha para avaliar alfabetização". *O Estado de S. Paulo*, 16 mar. 2007.

O assunto ocupou uma página e meia na editoria Vida& do *Estadão*.* A primeira matéria esmiuçava ponto a ponto o PDE e enfatizava o ineditismo de um plano de metas para a educação. Na página seguinte, o título era "Até oposição faz elogio a programa",** e mostrava figuras como Paulo Renato Souza e Maria Helena Guimarães de Castro, ambos do PSDB, classificando o PDE como "excelente" porque vinculava investimentos a metas.

O editorial da *Folha de S.Paulo*, no domingo, dia da edição mais nobre dos jornais, dizia que o PDE "foi recebido com elogios até mesmo por adversários políticos do presidente Lula" e que era de fato "uma proposta positiva".***

Mas a criação de Haddad, o Ideb, só pôde ser mesmo compreendida pela imprensa e pela sociedade quando o MEC divulgou as primeiras notas, em junho de 2007. O novo índice determinava metas bienais para as escolas do país, até 2022, ano escolhido por marcar o bicentenário da Independência do Brasil.

Pelo plano do MEC, a média brasileira deveria chegar a 6 do 1º ao 4º ano e a 5,5 do 5º ao 9º ano (escala de 0 a 10) em 2022. Para calcular as notas, o governo criou uma fórmula que considerava as provas já existentes de avalição de alunos — Saeb e Prova Brasil — e dados de aprovação escolar.

A média divulgada no momento da criação do Ideb usou as avaliações já feitas e por isso foi relativa a 2005, dois anos antes. Meninos e meninas da primeira fase do ensino fundamental chegavam a apenas 3,8 de Ideb naquele ano. Em 2015, esse nível de ensino chegaria a 5,5, superando a meta. Já a segunda etapa do fundamental (5º a 9º ano) e o ensino médio não teriam ainda alcançado os objetivos estipulados para o ano.

---

* Lisandra Paraguassu, "Estudantes serão avaliados pelo governo federal desde os 6 anos". *O Estado de S. Paulo*, 16 mar. 2007.
** Lisandra Paraguassu e Emilio Sant'Anna, "Até oposição faz elogio a programa". *O Estado de S. Paulo*, 16 mar. 2007.
*** "Opinião: Um bom plano." *Folha de S.Paulo*, 18 mar. 2007.

O *Estadão* fez um caderno especial de quatro páginas, chamado "Metas das Educação", para divulgar os resultados do novo índice. O espaço dado em um dos maiores jornais do país demonstrava a importância que o Ideb tinha alcançado. O MEC, sob o comando de Haddad, havia criado a métrica da educação brasileira e a maioria dos educadores aplaudia.

O título do caderno destacava que só 0,2% das escolas do país tinha resultado de país desenvolvido.* Isso porque o MEC havia balizado as notas dos exames brasileiros com o Pisa, a avaliação internacional de estudantes feita pela OCDE. Assim, foi possível estimar que o Reino Unido, por exemplo, teria um Ideb 6,5 e a Holanda, 7. Mais uma artimanha inteligente que ajudou a dar visibilidade e concretude ao novo índice.

Por causa do sucesso do Ideb, Haddad já era um ministro popular dois anos depois, em setembro de 2009, quando recebeu a informação do assessor Nunzio Briguglio de que o novo Enem tinha sido vazado.

---

* Renata Cafardo, "Só 0,2% das escolas públicas tem desempenho de país desenvolvido". *O Estado de S. Paulo*, 21 jun. 2007.

# 8

## *Boa noite, ministro*

Nunzio ouviu com atenção o que eu tinha a dizer quando lhe contei do encontro com homens que queriam vender o Enem. Ele se apressou para avisar o chefe, enquanto entrava no shopping.

O ministro também havia chegado pouco antes em sua casa no Lago Sul, em Brasília. Faltavam três dias para o novo Enem ser colocado na rua, um projeto que ele acreditava ser revolucionário na educação brasileira. O telefone tocou e a filha mais nova, Ana Carolina, então com 9 anos, atendeu. Avisou Nunzio que o pai estava no banho. O assessor pediu urgência no retorno, sentou em um banco do shopping e desistiu de procurar a calça de flanela.

Poucos minutos depois, o aviso foi feito numa rápida conversa.

— Liga para a Renata Cafardo porque ela disse que viu a prova.

— Não é possível que ela tenha visto a prova — rebateu o ministro.

— Liga pra ela, Fernando.

Meu celular tocou por volta das 21h30. O ministro ligara de seu também número pessoal. Com calma, me pediu explicações sobre o que tinha acontecido. Relatei o encontro, contei detalhes de algumas questões da prova e avisei que precisava registrar tudo o que estava dizendo em um e-mail para ele. Haddad me passou seu endereço de e-mail pessoal.

O texto do e-mail dizia o seguinte:

Enviada em: quarta-feira, 30 de setembro de 2009 21:43
Senhor ministro da Educação, Fernando Haddad

O objetivo deste e-mail é o de comunicá-lo de que fomos procurados por duas pessoas que afirmaram ter em mãos desde segunda-feira a prova do Enem que será realizada neste fim de semana.

Pudemos folhear rapidamente a prova que supostamente será aplicada aos candidatos no domingo, de Matemática e Linguagens e Códigos. A primeira questão do exame reproduz uma tira da personagem de quadrinhos Mafalda. Na terceira página, no alto à esquerda, havia uma reprodução da bandeira do Brasil com o verde suprimido, simbolizando o desmatamento. Uma outra questão, no verso de uma página, mencionava o programa de conversas online MSN. Em outra página, também no alto, havia uma reprodução da Canção do Exílio, de Gonçalves Dias. Outro exemplo: no pé de uma das páginas, a reprodução de um texto da revista Veja sobre o filme Touro Indomável.

Após a nossa recusa em comprar o material, as duas pessoas disseram que tinham a intenção de vendê-lo para outros meios de comunicação.

Pela alta relevância da questão, gostaríamos de ter a confirmação do ministério de que se trata realmente da prova original.

Grata

> Renata Cafardo
> chefe de reportagem
> O Estado de S. Paulo

Em seguida, o telefone tocou na casa do presidente do Inep, Reynaldo Fernandes, que estava em São Paulo para um seminário sobre o Enem e voltaria para Brasília no dia seguinte. O próprio ministro deu a notícia ao subordinado. Avisou que eu tinha visto uma prova, decorara algumas questões.

Reynaldo então também me ligou e quis saber quais eram as perguntas. Descrevi a tirinha da Mafalda, a bandeira do Brasil com a parte verde faltando.

"Você tem certeza de que não era o pré-teste?", perguntou Reynaldo, referindo-se a um exame realizado em julho daquele ano para testar questões que fariam parte do Enem. "Parecia a prova mesmo", respondi.

Depois da conversa com Reynaldo, Haddad voltou a falar com Nunzio. "Eu acho que é a prova. Tem uma questão da Mafalda, é a cara do Enem."

O ministro não conhecia o exame que seria aplicado em três dias. O presidente do Inep tampouco. Quando falaram comigo, Reynaldo e Haddad não sabiam o enunciado de nenhuma das 180 questões submetidas aos alunos.

Por razões de segurança, só poucas pessoas dentro do Inep tinham acesso ao Enem. Eram técnicos da Diretoria de Avaliação da Educação Básica (Daeb), o departamento da autarquia responsável pelo exame, onde as questões eram criadas e organizadas. Depois do trabalho pronto, a prova ficava guardada no que o Inep chamava de sala segura, no próprio prédio da instituição.

Reynaldo também mal sabia quem eram essas pessoas. Os detalhes do Enem estavam por conta de seu subordinado e responsável direto pelo exame, o diretor de Avaliação da Educação Básica do Inep, Heliton Ribeiro Tavares. Reynaldo tentou por mais de uma hora ligar para o celular de Heliton, mas o telefone insistia em cair na caixa postal. O estatístico, especialista em avaliação e professor da Universidade Federal do Pará, estava dentro de um avião, indo para Brasília.

Enquanto isso, eu esperava. Haddad parecia fazer questão de me manter informada. Ligava de tempos em tempos, falava da dificuldade em acessar a sala segura. Dizia que as pessoas com acesso à prova não estavam sendo encontradas.

Durante o período em que eu fazia e recebia os telefonemas, combinamos que Serginho passaria a escrever o que seria a nossa matéria. O nosso lead — o primeiro e mais importante parágrafo de um texto jornalístico, que deve resumir a história da reportagem — já dizia que o Enem havia sido cancelado pelo ministério. Era o que esperávamos que acontecesse. Serginho também já incluía detalhes do nosso encontro com os dois homens.

Adiantávamos o serviço, temendo que a confirmação viesse nos últimos minutos, e não desse tempo de escrever tudo depois. Ele escrevia, eu lia, opinava, mexia em uma coisa ou outra. Trabalhávamos nosso texto numa página fictícia, que poderia nunca ser publicada se a história não se confirmasse.

O último fechamento era por volta da meia-noite naquela quarta-feira. Isso quer dizer que as últimas páginas precisam ser finalizadas nesse horário para, no jargão, "descer" para a gráfica. A expressão, embora antiga — e não fizesse mais sentido na maioria dos jornais porque muitos deixaram de imprimir suas páginas no próprio prédio onde ficava a redação —, ainda funcionava ao pé da letra no *Estadão*. A gráfica ficava no subsolo, portanto bem abaixo do sexto andar, onde trabalhavam os jornalistas.

Por volta das 22h30, o voo de Heliton fez uma escala em São Paulo. Ao ligar o celular, viu as dezenas de chamadas do chefe e retornou prontamente. Após terminar a ligação, pediu aos comissários que permitissem sua saída da aeronave só com a mala de mão. Pegou um táxi para a casa de Reynaldo.

Eu esperava ansiosamente por uma resposta. Passaram-se duas horas e o fechamento se aproximava. A imensa redação do *Estadão*, que chegava a ter centenas de jornalistas durante o dia, já estava deserta.

Mas o inesperado então nos ajudou: aconteceu uma espécie de "parem as máquinas" às avessas. A expressão antiga era usada quando um editor queria interromper a rodagem de uma edição para inserir nela um grande furo. Na verdade, no *Estadão*, foi a máquina que parou sozinha. Uma das impressoras pifou e precisaria de um tempo para ser religada. Ao ser informado do problema, o chefe do plantão na redação naquela noite, Marcos Guterman, pediu autorização à direção para esticar o intervalo da retomada da rodagem. A manobra foi autorizada. O último material produzido pela redação a descer — a parte que estávamos ainda escrevendo — ficaria para ser impresso nessa máquina. Ganhamos tempo.

Mas, por volta de meia-noite e meia, recebi o último telefonema de Haddad.

— Renata, vou dormir, estou muito cansado. Não estamos conseguindo encontrar as pessoas em Brasília. Te dou uma resposta amanhã.

Ouvi atônita.

— Boa noite, ministro. — Foi só o que consegui responder.

Fiquei desesperada. Foi o único momento em que temi perder um grande furo. O ministro recuara. Durante a noite toda, ele havia se mostrado igualmente interessado em resolver rapidamente a questão. Mas parecia ter mudado de ideia.

Então contei a Luciana, a editora do caderno, sobre a conversa. Ela continuava com a gente na redação esperando uma resposta. Disse a ela que deveríamos publicar a matéria assim mesmo. O texto precisaria informar que tivemos acesso a uma prova que parecia ser o Enem, e que o governo não conseguira confirmar sua veracidade. Teriam se passado 3 horas sem nenhuma resposta, o que demonstraria a incompetência do MEC. A tentativa de venda havia ocorrido, existia notícia a ser dada para nossos leitores, eu defendia.

A editora titubeou. Queria publicar a matéria somente se houvesse a confirmação do MEC. Mas ela não parecia muito certa da decisão; não argumentou nem me deu ordem contrária. Então resolvi seguir com o que eu acreditava.

Liguei novamente para Nunzio para dizer o que não falei ao ministro. Eu não esperaria até amanhã. Queria a confirmação de que tinha visto a prova que seria aplicada a 4 milhões de alunos no sábado e no domingo. Eles não podiam me negar essa informação depois de tantas horas esperando.

Ele não atendeu.

Minha última tentativa foi telefonar para a assessora do Inep, Maria Fernanda Conti, que havia se tornado uma amiga depois de anos de convivência por causa do meu trabalho como jornalista de educação. Ela me atendeu. "Estão querendo me enrolar, o Nunzio não atende mais o telefone, o ministro disse que vai dormir. Amanhã tem matéria, quer confirmem ou não", disse, praticamente gritando.

Fernanda foi uma das pessoas mais sensacionais que conheci em meus anos de cobertura do Ministério da Educação. Paulista de Araras, cidade de menos de 120 mil habitantes na região de Campinas, e recém-formada em jornalismo, mudou-se para Brasília em 2005. Havia passado em concurso público para a função de jornalista na assessoria do gabinete da presidência do Inep. Cerca de três meses depois que começou no novo trabalho, Reynaldo se tornou o presidente do instituto.

Inteligente e sincera, sempre se desdobrou para que os jornalistas obtivessem as informações corretas — e com rapidez — do órgão em que trabalhava. Não escondia notícia ruim. Não deixava jornalista sem resposta.

Em seus sete anos de Inep, se tornou braço direito de Reynaldo. Aprendeu com ele a entender e a destrinchar os dados dos inúmeros estudos e avaliações feitos pela autarquia. E se esforçava para tentar encontrar notícia que pudesse ser aproveitada pelos colegas de redação. Era feliz no Inep, tinha orgulho do trabalho feito pela equipe chefiada por Reynaldo. O vazamento do Enem foi um golpe duro para ela.

Fernanda concordou comigo. E disse que tentaria encontrar o chefe Nunzio.

Ao chegar a São Paulo, Heliton conseguiu falar com o coordenador da Daeb, Frederico Neves Condé. Cada grupo do departamento ficava responsável por uma área de conhecimento e, portanto, manejava apenas essas questões. Ao ouvir a descrição do chefe sobre as perguntas que eu vira, Frederico achou por bem contatar a servidora responsável pela área de Linguagens e Códigos do Enem,

Patrícia Vieira. Patrícia se lembrava perfeitamente de algumas das perguntas que eu tinha visto. Uma delas era a questão com uma tirinha da Mafalda.

Depois que essa informação chegou a Nunzio, ele e Haddad tiveram a conversa definitiva da noite. O ministro perguntou a Nunzio o que deveria ser feito já que eu, de fato, pude ver a prova do Enem. A avaliação precisava ser anulada. O assessor respondeu com outra pergunta:

— Que manchete você quer amanhã, Fernando? "MEC cancela Enem" ou "Enem sob suspeita"?

O ministro preferiu a primeira opção.

Tudo isso durou poucos minutos. Depois da minha conversa com Fernanda, Nunzio logo me retornou. Tinha a voz embargada. Tive a impressão que chorava.

— Ligue para o Reynaldo na casa dele, Renata.

— Mas é o Enem?

Eu estava impaciente

— É.

Reynaldo ficou incumbido da confirmação oficial. Não falei mais com Haddad naquela noite. O presidente do Inep me comunicou que a prova estava anulada porque algumas das questões que vi foram reconhecidas na prova verdadeira. Não deu nenhum detalhe de como havia sido o processo de confirmação de que o exame vazado era mesmo o Enem.

Mas sua opinião sobre o que poderia ter acontecido dava uma pista importante. "Só pode ter vazado da gráfica." Questionei qual era a empresa que estava imprimindo a prova. Ele não se lembrava do nome. Naquela madrugada, Reynaldo só soube dizer que a gráfica ficava em Santana do Parnaíba, na Grande São Paulo.

Não havia mais tempo para apuração alguma. Finalizamos rapidamente a matéria, incluindo frases de Reynaldo. E corremos para a área onde ficavam os editores da primeira página, no meio da redação. Eles já haviam mudado a manchete do jornal para colocar a nossa matéria. "Prova vaza e MEC decide cancelar o Enem", era o título na capa do *Estadão*.

A manchete estava abaixo de uma foto sobre uma catástrofe na Ásia, o que não era o ideal, mas não havia também mais tempo para redesenhar a página. Mais de quatrocentas pessoas haviam morrido em tremores, tsunamis e tufões na Indonésia. Mas, com certeza, se houvesse possibilidade de mudança, a foto seria deslocada para a parte de baixo da primeira página. O vazamento do Enem era mais importante naquele momento para o leitor brasileiro.

Também havia um título grande, à direita, sobre os resultados de um debate realizado pelo próprio *Estadão* a respeito do pré-sal. Irrelevante diante do cancelamento do Enem. Mas não havia o que fazer, avaliou Guterman. O mais prudente, pensou, era apenas apagar a manchete que já estava lá e escrever a nova no mesmo espaço. Já passava de 1 hora da manhã. Nossa capa não foi uma capa dos sonhos, apesar de termos o furo dos sonhos.

O *Estadão* ainda pediu que a gráfica imprimisse cartazes para serem pendurados nas bancas, que diziam "Enem cancelado". Era uma forma antiga de fazer propaganda e atrair compradores para a matéria exclusiva que só o *Estadão* teria naquele dia. E boa parte dos assinantes — mas nem todos, por causa do horário em que a impressão do jornal foi finalizada, às 2 horas da manhã — receberia a edição com um dos maiores furos jornalísticos do ano.

Depois de 17 horas de trabalho, fui embora com uma sensação estranha. Orgulho, satisfação, felicidade, mas uma angústia também. Por mais que soe estranho, eu sentia por alguns profissionais do MEC, que pareciam devastados com o vazamento da prova. Sentia mais ainda pelos estudantes, que ficariam confusos e inseguros. Mas não tinha ideia ainda da loucura para a qual eu acordaria no dia seguinte.

9

## Um sábado de março

O professor de economia da USP Reynaldo Fernandes chegou ao Inep em outubro de 2005. Havia sido colega na Universidade de São Paulo (USP) do recém-empossado na pasta da Educação, Fernando Haddad, e estreitado relações com o novo ministro ao se mudar para Brasília, em 2003.

Reynaldo chefiava a Escola Fazendária no Ministério da Fazenda, sob o comando de Antonio Palocci, e também passou a fazer estudos e simulações para implantação do Fundo para Manutenção e Desenvolvimento da Educação Básica, o Fundeb. Haddad era assessor especial do ministro do Planejamento e, em 2004, assumiu a secretaria executiva do MEC. Durante as articulações para aprovação do Fundeb, os dois se aproximaram.

A ideia do fundo era ser uma expansão do Fundef, criado no governo anterior. Ou seja, além de garantir o financiamento dos alunos do ensino fundamental, contemplaria também as etapas do infantil e do médio, abrangendo toda a educação básica. Daí a mudança da letra F para a letra B no fim do nome do fundo.

O Fundeb seria aprovado pelo Congresso em 2007. O fundo é alimentado por 20% da arrecadação de impostos como ICMS e IPVA. Assim como acontecia no Fundef, estados e municípios recebem o dinheiro para manter suas escolas públicas conforme o número de alunos matriculados. Há um valor mínimo por aluno e, quando o estado ou município não consegue chegar a essa quantia com sua própria arrecadação, a União complementa com recursos.

Atualmente, no entanto, esse valor mínimo é questionado por vários setores da sociedade, com o argumento de que é insuficiente para manter uma educação pública de qualidade. Segundo valores de 2015, o Fundeb pagava para o ensino infantil, por exemplo, cerca de R$ 3.300 por ano, por aluno. Para o ensino médio, R$ 3.200. Os cálculos do Custo Aluno Qualidade Inicial (Caqi), mecanismo criado pela Campanha Nacional pelo Direito à Educação, indicam que seriam necessários cerca de R$ 10.000 para o infantil e R$ 3.700 para o médio, por aluno/ano. Os valores levam em consideração itens como quantidade de profissionais, salários de professores, estrutura da escola, tamanho das turmas, materiais escolares, entre outros.

Mas, antes mesmo da aprovação do Fundeb, Reynaldo foi chamado por Haddad para presidir o Inep. Fora a experiência na Fazenda, o professor paulistano nunca havia trabalhado para governo algum. Não era filiado ao PT. Não fazia política. Reynaldo era um técnico, especialista em economia da educação e políticas sociais.

Como presidente do Inep, seu currículo tem hoje a maior mudança da história do Enem. Mas também o roubo e o cancelamento da prova. Reynaldo é um homem simples e franco, desses que não se envaidecem com o poder. Em nossos incontáveis encontros e entrevistas durante seu período no cargo e depois disso, nunca se esquivou das perguntas ou deixou de assumir responsabilidades.

Anos depois do que ele chama de "a queda do Enem", Reynaldo não sente culpa. "Fui pro Inep pra fazer política educacional. Hoje, sabendo o que aconteceu, eu talvez tomasse decisões diferentes. Mas, com as informações que tinha antes, não consigo ver onde foi uma decisão errada. Eu não era indolente, trabalhava o tempo todo."

Nos dois primeiros anos no Inep, Reynaldo foi o responsável técnico pela criação do Índice de Desenvolvimento da Educação

Básica, o Ideb, uma ideia revolucionária para medir a qualidade das escolas e traçar metas de melhoria.

Depois de dois anos se dedicando às avaliações da educação básica, Reynaldo já sentia a sensação de dever cumprido. Pensava em deixar o Inep, voltar para São Paulo. Trabalhava muito, e já estava feliz e orgulhoso dos resultados.

Mas o ministro queria mais. Pediu a ele que passasse a se dedicar às avaliações do ensino superior. Reynaldo e sua equipe ficaram, durante todo o ano de 2008, debruçados sobre a criação de novos índices.

O Exame Nacional de Desempenho de Estudantes (Enade) substituiu o Provão e passou a ser feito por alunos de todos os cursos a cada três anos. Além dele, a equipe do Inep criou o Índice de Diferença entre os Desempenhos Observado e Esperado (IDD), que pretendia medir quanto o curso superior agregou ao aluno, levando em consideração o conhecimento que ele já tinha antes do ingresso. E ainda o Conceito Preliminar de Curso (CPC), que considera indicadores como número de professores com mestrado e doutorado, e estrutura do curso. Apesar da confusão de siglas, a avaliação do ensino superior no país se tornou mais ampla.

Até que, no começo de 2009, Fernando Haddad chamou Reynaldo em seu gabinete para falar das universidades federais. Contou que andava conversando com reitores e sentia que alguns deles estavam insatisfeitos com as despesas e com o trabalho que tinham com seus vestibulares. Cada universidade fazia sua licitação e contava com um aparato próprio para selecionar seus alunos, com comissões de professores que ganhavam especialmente para isso. Era algo trabalhoso e custoso, mas já existia uma estrutura montada e funcionando bem em cada instituição para fazer seu vestibular havia anos.

Haddad se aproximara e conquistara os reitores no ano anterior ao lançar um grande programa de expansão do sistema federal de educação, o Reuni. Era um plano rico e ambicioso. O MEC colocaria bilhões de reais à disposição de universidades que executassem projetos para ampliação de vagas em seus cursos. As instituições fariam planos de expansão e poderiam aderir ou não ao Reuni. Quem aderisse, recebia mais dinheiro. Todas as instituições aderiram.

Instituições de ensino superior, como a Universidade Federal da Bahia (UFBA), passaram a anunciar em 2008 o aumento em 3.200% nas vagas em cursos noturnos, por exemplo, de 80 para 2.695. Entre 2007 e 2012, o número de vagas oferecidas aumentaria de 139 mil para 231 mil. Em cada um desses anos, o MEC chegou a dar mais de R$ 2 bilhões em recursos adicionais para as universidades apenas para os projetos de expansão. O dinheiro foi usado principalmente em obras e aquisição de equipamentos.*

Foi uma mudança radical na gestão do MEC na área do ensino superior. Por anos, durante o período de Paulo Renato, os reitores tinham amargado cortes financeiros e pouco apoio do governo federal, que apostava na direção oposta, ou seja, na expansão do ensino privado. Haddad tinha arado um terreno fofo para plantar o que quisesse.

Com o Reuni já em prática, no início de 2009, Haddad se lembrou das conversas com reitores e passou a refletir sobre a questão das dezenas de vestibulares feitos pelas federais. O ministro costumava reunir-se todo começo de ano com sua equipe em busca de sugestões para realizações nos meses seguintes. Ele gostava da ideia de haver um grande feito no Ministério da Educação para cada ano de sua gestão e essas reuniões ajudavam nisso. Ainda não havia nada para 2009.

Nesses encontros, Haddad começou a falar sobre a quantidade de exames que os estudantes do ensino médio faziam na época. Aquilo o incomodava. Fora os vestibulares, já havia o Enem atual e ainda o Enade, cuja prova de ingressantes era realizada no primeiro ano da faculdade.

---

* Análise sobre a Expansão das Universidades Federais 2003–2012. Relatório da Comissão Constituída pela Portaria nº 126–2012. Brasília, 2012.

Até que, no início de março, em um sábado, Reynaldo recebeu em casa uma ligação do ministro. O chefe havia decidido acabar com o vestibular.

Haddad falou que desejava criar uma prova que reunisse todas as já feitas pelas federais. Mas o especialista em avaliação foi enfático. Essa prova já existia. Era preciso transformar o Enem em um novo exame.

A mudança da avaliação feita por 4 milhões de brasileiros também era algo que já vinha ocupando a cabeça de Reynaldo. Na opinião dele, seria um futuro natural para o Enem e não precisaria ser ele necessariamente o responsável pela mudança. Mas, se o chefe queria mudar agora, era preciso fazer isso rapidamente. Reynaldo e Haddad sabiam que com eleições presidenciais no próximo ano, 2010, tudo ficaria mais difícil.

O Enem até então era uma prova pequena. Tinha apenas 63 questões — de nível considerado fácil por vestibulandos bem-preparados — e uma redação. A prova precisava selecionar, não apenas avaliar, como tinha sido inicialmente concebida.

Para ganhar tempo, o Enem — realizado tradicionalmente em agosto — deveria ser adiado para outubro. E a nova prova precisava ainda de adesão. Estava sendo pensada para substituir os vestibulares das universidades federais, instituições autônomas e que tinham de confiar na nova ideia do MEC.

O tempo era curto, mas Haddad imaginava contar com a boa vontade de reitores satisfeitos com os recentes investimentos do Reuni. Ele começou a falar da ideia informalmente para alguns deles, em encontros e telefonemas. E, em 25 de março, o MEC marcou uma reunião na Associação Nacional dos Dirigentes das Instituições Federais de Ensino Superior (Andifes), em Brasília. Os reitores esperavam um encontro com Haddad em que debateriam um eventual novo Enem. Muitos sabiam quase nada sobre o projeto e se sentiram traídos. Não houve debate.

Na verdade, Haddad usou o encontro para fazer um anúncio. Avisou que o novo Enem já estava sendo formatado para substituir o vestibular das federais. Mais: ele aconteceria naquele mesmo ano.

O ministro apenas pediu a adesão das federais ao projeto. A imprensa foi avisada, também sem que os reitores soubessem, e cerca de cinquenta jornalistas lotaram a sede da Andifes.

A matéria da *Folha de S.Paulo* do dia 26 tinha o título "MEC propõe a reitores que Enem substitua vestibular de federais".* O texto dizia que "O objetivo da nova avaliação é reorganizar o currículo do ensino médio e permitir maior mobilidade dos alunos entre os estados do país. Hoje o candidato pode ter de sair de seu estado para prestar o vestibular da universidade escolhida". O presidente da Andifes e então reitor da Universidade Federal de Pernambuco, Amaro Lins, se limitava a dizer que iria examinar a proposta. "Concordamos em realizar essa discussão", disse à *Folha*.

Na reunião, metade dos reitores gostou imediatamente da ideia; a outra metade ficou ressabiada. Universidades federais importantes, como a UFRJ no Rio de Janeiro e a UFSCar em São Carlos, rapidamente manifestaram apoio à ideia. Outras, como a Universidade Federal de Viçosa, em Minas Gerais, só foram aderir no ano seguinte.

No carro, ao saírem da Andifes, questionado pelo ministro sobre o que tinha achado da reunião, Nunzio respondeu prontamente: "Passou."

Haddad começou a ligar pessoalmente para reitores e pró-reitores de graduação das universidades para convencê-los sobre o novo Enem. Em audiências sobre o Reuni, o assunto também era colocado na pauta por ele. O clima das conversas era um misto de pedido de favor e pressão. Alguns reitores temiam que a prova não avaliasse de maneira tão rigorosa como costumavam fazer seus próprios vestibulares, mas era difícil desapontar um ministro generoso com as federais.

Quatro meses depois do anúncio, em julho de 2009, estimava-se que um quarto das 180 mil vagas nas universidades federais naquele ano seria preenchido por meio do novo Enem. As instituições podiam escolher como usar a nota da prova.

---

* Angela Pinho, "MEC propõe a reitores que Enem substitua vestibular de federais". *Folha de S.Paulo*, 26 mar. 2009.

Algumas optaram por substituir a primeira fase de seus vestibulares pela prova do MEC e realizar apenas uma segunda etapa própria, como na Federal do Rio (UFRJ) e na do Mato Grosso do Sul (UFMS). Na Federal de São Paulo (Unifesp), por exemplo, o Enem passou a ser a única forma de seleção para cursos como o de Ciências Sociais. Já o curso de Medicina exigia ainda uma segunda fase.

Em outras, como na então novíssima Universidade Federal do ABC (UFABC), criada em 2005 pelo ex-presidente Lula, todos os 1.700 alunos passariam a ser selecionados apenas pelo Enem. "Nosso último vestibular teve 10 mil inscritos. O Enem deverá ter 4 ou 5 milhões de participantes. Aumentaremos a nossa base de candidatos", justificava, em matéria da *Folha* no dia 13 de julho, o pró-reitor de graduação, Hélio Waldman. "Além disso, somos uma universidade nova. Entrando no sistema unificado, ganhamos projeção nacional."*

Entre as que não aderiram ao novo exame ou somente aproveitariam uma porcentagem da nota em seus exames próprios, já começava a surgir o questionamento da segurança. Na mesma matéria da *Folha*, o então coordenador do exame da Universidade Federal Fluminense (UFF), Neliton Ventura, justificava por que o Enem seria apenas uma parte da nota da primeira fase na instituição. "Como garantir o sigilo e a segurança na reprodução, guarda e distribuição de provas para mais de 4 milhões de alunos?"

Para Olinda Assmar, então reitora da Universidade Federal do Acre (UFAC), a mudança no Enem teria ocorrido "muito em cima da hora". A instituição então resolveu usar o Enem apenas para preencher as vagas remanescentes. "Não pode ser de um dia para o outro. Nosso processo seletivo está mais consolidado e cristalizado. Entrar em outro sistema é entrar no escuro."**

---

\* Fábio Takahashi e Ricardo Gallo, "Federais que não aderiram ao Enem alegam insegurança". *Folha de S.Paulo*, 13 jul. 2009.
\*\* Idem.

# 10

## *Item e matriz*

No início de 2009, Alexandre André Santos, um santista curioso e extrovertido, chegara havia poucos meses ao Inep. Ele tinha ingressado como servidor em um concurso público do ano anterior em que dezenas de novos funcionários foram incorporados ao órgão. Como era licenciado em geografia, foi alocado na Diretoria de Avaliação da Educação Básica, conhecida pela sigla Daeb. Entre as funções da equipe, estava o Enem.

O Inep vivia um momento de expansão. Saíra de um prédio anexo ao Ministério da Educação e oferecia pela primeira vez um plano de carreira com salário competitivo. Até então, muitos dos funcionários eram fruto de contratos de trabalho com órgãos como PNUD ou Unesco e atuavam como consultores.

Junto com Alexandre, cerca de vinte novos servidores integraram o grupo da Daeb. Eles foram alojados no terceiro andar do recém-ocupado prédio do instituto, no setor de Rádio e TV Sul, ao lado de um shopping movimentado e do imponente Colégio Dom Bosco. A equipe tinha formação em áreas de conhecimento correlatas a um exame feito para alunos do ensino médio, como matemática, línguas, ciências. A função a que foram designados pelo concurso público era a de pesquisador tecnologista em informações educacionais. Com exceção do chefe Frederico Neves Condé, nenhum dos novos funcionários tinha experiência em avaliação.

Assim que chegaram, em novembro de 2008, foram apresentados a alguns conceitos. Precisavam trabalhar no Enem, previsto para agosto de 2009. Participavam de uma espécie de formação em serviço. E uma das primeiras lições foi conhecer os chamados itens do Enem.

Os itens são as questões da prova e suas possibilidades de respostas. São formulados de acordo com o que os especialistas em avaliação chamam de matriz de referência. É o que dá as coordenadas do que deve ser avaliado pelo exame, em cada área de conhecimento. No caso do Enem, a descrição da matriz leva em conta as habilidades e competências que devem ser dominadas por um bom aluno do ensino médio. Por exemplo, saber enfrentar situações-problema, construir argumentação, compreender fenômenos, identificar padrões numéricos, dominar linguagens.

O trabalho do grupo era o de avaliar os itens do Enem, até então elaborados pela Cespe, órgão da Universidade de Brasília que cuida de concursos. O contrato com o Inep previa que a Cespe entregasse cerca de 2 mil itens. O grupo, apesar do desconhecimento na área, precisava analisar objetivamente se os itens estavam de acordo com a matriz do Enem.

Era importante, por exemplo, que as questões não fossem focadas apenas na absorção do conteúdo. O Enem era um exame que analisava o contexto, e prezava pela interdisciplinaridade e pela interpretação do texto. Conceitos novos e muitas vezes ainda difíceis de ser compreendidos pela maioria da população e pelos recém-contratados do Inep naquele momento.

Mas o jovem grupo era disposto e interessado. A área de avaliação estava crescendo no Brasil e esse era um conhecimento que passara a ser muito valorizado para profissionais de educação. Nenhum dos novos funcionários tinha mais de 40 anos e muitos vinham direto de cursos de pós-graduação de universidades. A maioria estava em seu primeiro emprego público. A vaga na Daeb era uma chance de direcionar suas carreiras de forma promissora.

Por iniciativa própria, a equipe se dividiu entre as quatro áreas de conhecimento do Enem: ciências humanas, ciências da natureza, linguagens e matemática. Foram organizando uma rotina para a função de analisar itens. Alguns passaram até a se arriscar a criar algumas questões para a prova. O grupo se valia da expertise do coordenador Condé, que tinha mestrado e doutorado na área de avaliação pela Universidade de Brasília.

Até o início de 2009, no entanto, não havia nenhuma preocupação com segurança do material que manuseavam. Os itens do Enem eram impressos em papéis comuns e ficavam sobre as mesas do escritório.

Outra função do grupo da Daeb era organizar um pré-teste do Enem, previsto para ser realizado no meio do ano de 2009. O pré-teste também era outro novo conceito para todos. Como o próprio nome diz, é um exame feito antes, para testar as perguntas que serão aplicadas na prova verdadeira. Para isso, precisa ser aplicado a estudantes com perfil semelhante ao do que realiza o Enem, ou seja, alunos do ensino médio ou do primeiro ano do ensino superior. Os acertos e erros desses jovens vão balizar a prova, indicando quais questões foram consideradas mais difíceis e mais fáceis.

O pré-teste também serve para descartar itens ruins. Quando nem os melhores alunos conseguem indicar a resposta certa de determinada questão, ela é eliminada e não entra no Enem. Em geral, de cada cem questões pré-testadas, só trinta acabam sendo aproveitadas.

Todos os itens considerados bons vão para um estoque, chamado Banco Nacional de Itens (BNI). São exatamente as mesmas questões pré-testadas que devem ser usadas no Enem. Não se pode mudar enunciado, cores de figuras ou mesmo eventuais erros de português. O modelo estatístico que analisa as questões é baseado na resposta àquela exata apresentação de item. Por isso, o ideal é que o banco de itens seja muito grande e que eles sejam testados anos antes de ser usados. Assim, as chances são mínimas de um jovem se deparar com a mesma questão no pré-teste e também no Enem.

O Brasil tenta há anos ter um banco robusto, como o dos Estados Unidos, por exemplo, mas ainda não saiu da casa dos dois milhares. O país usa modelos artesanais de confecção de itens. Em 2009, eram comprados da Cespe. Depois, em 2010, foi aberto um edital para professores do Brasil todo se inscreverem e apresentarem seus itens. Atualmente, o Inep faz editais para universidades federais e são professores dessas instituições que elaboram os itens, que passam por revisões internas e externas.

O pré-teste de 2009 seria realizado nos meses de junho e julho daquele ano em dez capitais como São Paulo, Belo Horizonte, Fortaleza e Rio. Cerca de 50 mil alunos de escolas públicas e privadas fizeram a prova, sem a informação do que se tratava. Sabiam apenas que era um exame elaborado pelo Ministério da Educação. Para garantir o sigilo, muitas vezes questões do pré-teste eram incluídas em outros testes feitos pelo Inep, como o Sistema de Avaliação da Educação Básica, o Saeb, que avalia estudantes do último ano do ensino médio. Era uma camuflagem.

Alexandre acompanhou as provas em Manaus. Durante duas semanas, viu de perto o trabalho da empresa baiana que vencera a licitação para aplicar o pré-teste, a Consultec. O servidor ficou assustado com a precariedade da estrutura da empresa, com o amadorismo de alguns funcionários.

Mas, no começo do ano, a equipe da Daeb descobriu que o trabalho que ainda aprendiam a fazer iria mudar. Todos foram chamados para uma reunião no sexto andar do prédio, onde ficava a diretoria do Inep. O presidente Reynaldo Fernandes tinha um comunicado a fazer.

"O Enem vai mudar: será a porta de acesso para as universidades federais", avisou Reynaldo para um grupo atônito. Ele também já informou que a mudança seria rápida — o novo Enem aconteceria naquele mesmo ano.

Ao ouvir a novidade, Alexandre pensou nos itens que vinha avaliando como rotina havia alguns meses. Não os considerava bons.

Muitas vezes eram focados demais em conteúdo. Outras vezes era difícil para um aluno de ensino médio encontrar a resposta certa.

Para um novo Enem, avisou Reynaldo, a matriz da prova precisaria mudar também. O exame até então não era usado para seleção. Tinha apenas 63 questões que não cobriam todo o currículo do ensino médio. A matriz teria de incorporar mais competências e a prova iria crescer.

Na reunião, houve quem questionasse Reynaldo sobre os itens em que estavam trabalhando, feitos com base numa matriz que deixaria de existir. Ou seja, todo trabalho feito até então seria perdido. Uma nova matriz exigirá novos itens, pensavam. "Um item bom cabe em qualquer matriz", respondeu o presidente do Inep.

E havia mais. O Enem também seria feito pela Teoria de Resposta ao Item (TRI), modelo estatístico que começou a ser usado no Inep em 1995, no Saeb. A primeira vez em que Alexandre havia ouvido falar de TRI tinha sido na prova do concurso público de ingresso no Inep. (E ele imaginava que havia errado a questão.)

Usando a TRI, Reynaldo explicou, seria possível calibrar melhor as questões do Enem e montar diversas provas equilibradas, com igual nível de dificuldade. Por exemplo, em um caso hipotético de o Enem ser cancelado em uma cidade que teve um desastre natural e os alunos não conseguiram chegar ao local de exame, uma nova prova pode ser elaborada rapidamente. E esses alunos não teriam vantagem ou desvantagem com relação aos demais, que fizeram um exame antes, com outras questões.

A TRI também possibilitaria que o Enem fosse realizado em vários momentos do ano, como acontece com o SAT, nos Estados Unidos. Como as provas têm sempre o mesmo nível de dificuldade, o MEC poderia oferecer diversas datas de exame. Isso também diminuiria os riscos da enorme logística de se aplicar a prova para milhões de alunos brasileiros, ao mesmo tempo.

Mas todas essas promessas que vinham com a TRI exigiam um grande banco de itens. Para elaborar muitas provas, é necessário ter um estoque, com dezenas de milhares de questões, de todos os níveis de dificuldades. E o Brasil estava só começando seu banco de itens em 2009.

A TRI também mudava a forma como a nota do estudante era calculada. Diferentemente dos vestibulares feitos até então, cada questão não teria mais o mesmo valor. Isso porque os itens são organizados em uma escala de dificuldade. Um item que tem baixo índice de acertos — ou seja, considerado mais difícil — tem mais peso na pontuação final do que aqueles com alto índice de acertos.

Quando o novo Enem começou a ser discutido na imprensa, a grande polêmica era a de que a prova tinha um sistema "antichute". Isso vinha do fato de que, na TRI, a nota também leva em conta o perfil de acertos do candidato. Se um estudante erra muitas questões consideradas fáceis e acerta uma considerada difícil, o sistema percebe que não há um padrão de respostas e não contabiliza uma nota tão alta para esse acerto.

Assim, ao conferir o gabarito, o estudante não conseguiria saber sua nota na prova. Primeiro, porque não saberia o valor de cada questão. O MEC não iria divulgar quais eram as questões consideradas difíceis, médias e fáceis. Segundo, porque não saberia em que padrão de respostas ele se encaixaria. Portanto, o Enem fazia com que estudantes que acertassem o mesmo número de questões pudessem ter pontuações finais complemente diferentes.

"A nota é um modelo estatístico. Ele [o sistema] não vai pegar o número de questões, é outra lógica. Uma pessoa que erra itens fáceis e acerta uns difíceis teve sorte. Não é provável que ela esteja no ponto alto da escala",[*] explicava Reynaldo. No entanto, ele avisava aos vestibulandos que ainda era melhor chutar uma questão a que não soubesse responder do que deixá-la em branco.

Todas essas novidades deixavam estudantes ansiosos e desconfiados. Pouca gente — incluindo muitos que trabalhavam com

---

[*] Renata Cafardo, "Melhor chutar que deixar em branco". *O Estado de S. Paulo*, 21 set. 2009.

educação — entendia de TRI. Colégios e cursinhos mal conseguiam esclarecer as dúvidas dos candidatos. A imprensa se desdobrava para tentar explicar o novo Enem.

Como a nova equipe da Daeb ainda engatinhava no aprendizado sobre avaliações, Reynaldo percebeu que o Inep precisaria de reforço. Um grupo de consultores, especialistas em avaliação e TRI, foi chamado para colaborar na elaboração de uma nova matriz do Enem.

Quem chefiava a equipe era Gisele Gama Andrade, diretora-presidente da Abaquar Consultores e Editores Associados, uma empresa de Brasília, que oferece consultoria e produz material para testes educacionais. Ela já havia trabalhado com elaboração de itens para o próprio Inep e sido consultora do Pisa, feito pela Organização para a Cooperação e Desenvolvimento Econômico (OCDE), considerado o maior exame de estudantes do mundo.

Foram chamados também professores da UnB. A equipe se reunia numa sala separada, no mesmo andar em que ficava a Daeb. Todos decidiram que a matriz do Exame Nacional de Certificação de Competências de Jovens e Adultos (Encceja) seria aproveitada. A prova era realizada desde 2002, com uso de TRI, para certificar quem concluísse o antigo supletivo. Mas o Encceja era considerado um exame fácil, básico. Reynaldo acreditava que o novo Enem sinalizaria o que as escolas de ensino médio ensinariam dali para a frente, então era preciso criar novas questões. Mais difíceis.

Apesar do grupo novo de especialistas, Alexandre e os colegas continuaram o trabalho de analisar itens. Passaram a checar quais questões do Encceja e da matriz anterior do Enem poderiam ser usadas na nova prova. Eles também começaram a perceber que seu trabalho ganhara uma nova dimensão. Os itens, antes deixados em cima das mesas, precisavam ficar sob sigilo. A prova passaria a selecionar candidatos. Até 2008, a nota até era considerada em alguns vestibulares do país, acrescentando pontos ao resultado final. Em 2009, o Enem seria o vestibular.

Os servidores da Daeb começaram a registrar por meio de notas técnicas — procedimento padrão em órgãos públicos para comunicar problemas — que a segurança dos itens deveria ser aprimorada. O Inep então organizou um ambiente separado para o Banco Nacional de Itens, que foi chamado de sala segura. Havia chave, janelas lacradas, mas nada além disso.

O cronograma era justo e ainda havia muitas decisões a ser tomadas. Entre elas, qual seria o tamanho da prova. Com a ajuda do grupo novo, a Daeb finalmente resolveu que haveria quinze itens com o nível de dificuldade do Encceja (mais fáceis), outros quinze médios e quinze mais difíceis. Dessa maneira, cada área de conhecimento ficou com 45 perguntas. A nova prova teria então 180 questões, de quatro áreas, além da redação: ciências da natureza e suas tecnologias; ciências humanas e suas tecnologias; matemática e suas tecnologias; linguagens e códigos e suas tecnologias.

A quantidade de questões e a data do novo Enem foram publicadas no *Diário Oficial da União* em 27 de maio. Faltavam menos de quatro meses para a prova. O Enem seria realizado nos dias 3 e 4 de outubro, às 13 horas, em cerca de 1.800 cidades do país. As inscrições começariam em cerca de quinze dias.

# 11

## *A concorrência*

No meio de setembro de 2009, cerca de quinze dias antes do vazamento do Enem, estive em Brasília. Era uma tarde quente, e fui recebida por Reynaldo Fernandes em seu amplo gabinete. Reynaldo tinha o costume de conversar com suas visitas na sala de estar, não na mesa de trabalho. Ficamos nos sofás, de costas para uma imensa janela de onde se via o belo prédio do Colégio Dom Bosco.

Foi nesse dia que entrevistei Reynaldo sobre a TRI e ele falou da polêmica sobre como a nota do aluno seria calculada. Também fui apresentada a Heliton Ribeiro Tavares, o diretor de Avaliação da Educação Básica do Inep. O professor da Universidade Federal do Pará agia como o responsável pelo exame, não como um subordinado. Discordou do chefe Reynaldo na minha frente sobre como deveria ser o sistema de notas da prova. Heliton preferia que as notas fossem de 0 a 1.000. Reynaldo, de 0 a 100.

A escala é uma espécie de régua em que as notas dos alunos são distribuídas. Portanto, numa escala de 100, as notas seriam expressadas por números como 40, 80, 90. Reynaldo considerava que essa distribuição era mais simples para os estudantes do que notas como 600, 300, 550.

No dia em que o novo exame foi finalmente realizado, em dezembro de 2009, depois de cancelado, ainda havia dúvidas sobre a escala. Haddad preferia outra régua ainda mais simples, a que vai de 0 a 10. Para os técnicos, no entanto, isso faria com que as notas ficassem confusas, cheias de números decimais. A escala de 0 a 1.000 — defendida por Heliton — foi a escolhida e é usada até hoje.

Naquele momento, eu não conhecia em detalhes o trabalho da equipe da Daeb. Nem sequer passei pelo terceiro andar, onde ficavam os itens da prova. Mas percebi que, mesmo faltando menos de um mês para o Enem, o Inep tinha ainda muito o que fazer.

Lembrei-me então de conversas informais que vinha tendo com algumas fontes. "Não vai dar certo, alguma coisa vai dar errado", tinha afirmado o então dono do grupo educacional COC, Chaim Zaher, em um almoço no *Estadão* poucos meses antes. Outros reclamavam da pressa com a qual o governo havia mudado o exame.

Reynaldo se mostrou preocupado com a desconhecida empresa escolhida para aplicar o exame e organizar a logística, o Connasel. Parecia um torcedor que sabe que o time não está tão bem preparado, mas segue rezando para que dê tudo certo no fim do jogo.

O edital da Concorrência número 04/2009 para o Exame Nacional do Ensino Médio (Enem–2009) foi publicado em 1º de junho. O objeto da licitação era a "operacionalização dos procedimentos relativos" ao exame. Isso significava, segundo o texto do processo licitatório, "o processamento das inscrições, preparo de todo o material (incluindo digitalização e reprodução gráfica de instrumentos), teleatendimento, distribuição e recolhimento dos instrumentos, treinamento de pessoal, aplicação do Exame, correção das provas (parte objetiva e redação), análise e divulgação dos resultados (incluindo elaboração, impressão, entrega de boletins individuais de resultados e apresentação pública dos resultados)".

Desde que foi criado, em 1998, e durante dez anos, todas as edições do Enem contaram com a participação da mesma entidade, a Fundação Cesgranrio. Ela venceu todas as concorrências, algumas vezes em parceria com a Cespe, ligada à Universidade de Brasília, outras sozinha.

A Cesgranrio foi criada em 1971 por um grupo de professores de universidades do Rio de Janeiro para fazer vestibulares. Surgiu por meio de um convênio com o MEC, mas se tornou uma entidade autônoma em 1973. Quando o Enem foi criado, em 1998, a Cesgranrio já era uma das mais experientes e respeitadas entidades na área de avaliação. Carlos Alberto Serpa de Oliveira, seu presidente, e Maria Helena Guimarães de Castro, presidente do Inep nos anos 1990, ficaram amigos. Mas, mesmo depois que Lula assumiu a presidência, a Cesgranrio continuou ganhando as licitações do Enem.

A ligação com a gestão anterior incomodava alguns funcionários do Inep em 2009, então sob o governo do PT. Muitos achavam que já era hora de a organização do Enem mudar de mãos. Gestões anteriores do Inep tentaram tirar a entidade do comando do exame, questionando até o processo licitatório. Alguns acreditavam que o processo de escolha era pouco democrático porque apenas a Cesgranrio conseguia cumprir os requisitos necessários. Outros não gostavam da autonomia que era dada à fundação. Por fazer a prova havia muitos anos e conhecer bem todo o processo, a Cesgranrio organizava a logística do Enem com pouquíssimo contato ou ajuda dos servidores do Inep.

Reynaldo não partilhava dessa opinião. Na primeira reunião sobre a nova prova com o departamento jurídico do Inep, ele sugeriu que o Enem de 2009 fosse feito com dispensa de licitação. Havia pouco tempo e, principalmente, a complexidade da nova prova exigia uma segurança inédita até então, acreditava.

Os advogados demoveram Reynaldo da ideia. Argumentaram que o Tribunal de Contas da União (TCU) não permitiria. Seria uma batalha perdida que tomaria ainda mais tempo.

Mesmo assim, antes de a licitação ser aberta, Reynaldo conversou com representantes da Cesgranrio e da Cespe. Contou sobre as mudanças que estavam sendo feitas na prova. Ouviu opiniões. O presidente do Inep queria deixar claro que contava com a continuidade da parceria entre eles na aplicação do Enem. Para ele, elas eram as únicas entidades com experiência para aplicar uma prova com milhares de candidatos no país todo e ainda com a recém-adquirida característica de selecionar alunos para as universidades federais.

Em 17 de julho, no dia marcado para a abertura dos envelopes das empresas interessadas em participar da concorrência, Reynaldo tinha certeza de que uma das duas seria a vencedora.

Entre os concorrentes, estava, de fato, a Cesgranrio. Mas seu oponente era o desconhecido e recém-criado Consórcio Nacional de Avaliação e Seleção, o Connasel. Tratava-se de um agrupamento de três empresas com alguma experiência em concursos públicos e vestibulares regionais, a FunRio, a Cetro e a Consultec. Quem liderava o consórcio era Itana Marques Silva, diretora da Consultec, que ganhara a licitação e realizara o pré-teste do Enem, ocorrido poucos dias antes, também em julho.

A Consultec tem sede em Salvador e foi fundada em 1991. Sem muitos concorrentes na região, realizava o vestibular da Universidade Estadual da Bahia, todos os anos, desde 1996 (com exceção de 1998). Em fevereiro de 2009, mesmo ano do Enem, o exame havia sido adiado dois dias antes de sua realização porque o gabarito fora vazado.*

A Fundação de Apoio à Pesquisa e Assistência (FunRio) foi criada em 2000 por um grupo de professores ligados ao Hospital Universitário Gaffrée e Guinle e à Escola de Medicina e Cirurgia, ambos do Rio. Segundo matéria de *O Estado de S. Paulo*, a FunRio era alvo de 354 ações na Justiça do Rio em outubro de 2009.** Os processos se referiam a problemas em concursos realizados pela instituição. Um deles era sobre o processo seletivo para o Corpo de Bombeiros do Rio — a empresa deixou de fazer gravações em vídeo dos testes físicos, como era exigido no edital.

---

\* Amélia Vieira e Danile Rebouças, "Consultec já tinha gabarito vazado na Bahia". *O Globo*, 2 out. 2009.
\*\* Alfredo Junqueira, "FunRio é alvo de 354 ações na Justiça". *O Estado de S. Paulo*, 3 out. 2009.

A Cetro é uma empresa de São Paulo. O jornal *Folha de S.Paulo* publicou, em 16 de outubro de 2009, que era suspeita de ter apresentado documento fraudulento em licitação para realizar um concurso da Caixa Econômica Federal.*

Todas essas denúncias relacionadas a empresas do consórcio Connasel só chegaram a público depois da fraude do Enem.

Os envelopes com os documentos apresentados pelas duas empresas concorrentes da licitação foram entregues às 8 horas do dia 17 de julho. Em seguida, o Connasel fez um pedido para que a Cesgranrio fosse inabilitada de participar da licitação, um procedimento relativamente comum entre os participantes.

A comissão de licitação suspendeu a sessão para analisar a documentação. Três horas mais tarde, comunicou aos concorrentes que o pedido do Connasel não seria aceito e que não havia motivo para desclassificar a Cesgranrio.

Às 13h36, foram abertos os envelopes com as propostas técnicas de cada concorrente. A primeira parte analisada dizia respeito à qualificação técnica dos concorrentes. As empresas precisam apresentar documentos pedidos no edital. Entre eles, atestados que comprovem a prestação de "serviços iguais ou similares ao objeto da licitação" e que o responsável técnico tem formação em nível superior.

"Após o julgamento do envelope 1 (documentação), a CEL considerou habilitados todos os licitantes", relatou a ata da sessão. CEL é como é chamada a Comissão Especial de Licitação, grupo indicado pelo presidente do Inep para ser responsável por aquela concorrência.

Nove servidores do órgão foram designados, no dia 16 de abril de 2009, para compor a CEL. A presidente era Lucia Helena Pulcherio de Medeiros. Cada um tinha sua função no Inep, em áreas como compras ou mesmo avaliação, mas deveriam se reunir para as sessões da concorrência.

---

* Laura Capriglione, "Empresa do Enem é suspeita em outro caso". *Folha de S.Paulo*, 16 out. 2009.

Imediatamente após a comissão comunicar sua decisão sobre a habilitação, algo inesperado aconteceu. A Fundação Cesgranrio desistiu de participar da concorrência do Enem. O Connasel se tornou a única candidata a aplicar a prova. A Cesgranrio ainda pediu a devolução dos outros envelopes que continham suas propostas técnicas e de preço, não abertos pela comissão. O documento que oficializava a decisão dizia apenas que a Cesgranrio "vem, por intermédio de seu representante, desistir das propostas já apresentadas e, consequentemente, de sua participação nessa concorrência".

A notícia chegou ao sexto andar do Inep, a Reynaldo Fernandes, extraoficialmente. O presidente do Inep, em choque, pálido, foi então até a sala da sua assessora Maria Fernanda Conti, com quem tinha uma relação muito próxima de amizade e confiança. "E agora?", se questionava. Os dois ficaram alguns minutos parados, sem reação, imaginando as consequências desastrosas que poderiam vir com essa informação. Pronunciaram alguns palavrões. "Mas não é possível, tem que ter algum jeito", dizia Maria Fernanda, repetidas vezes.

Os dois não entendiam bem os procedimentos burocráticos de uma licitação. Não sabiam se a desistência acarretaria o fim do processo ou se a comissão declararia o desconhecido Connasel como vencedor.

Qualquer que fosse a decisão, era preocupante. Não havia tempo para uma nova licitação — estavam há menos de três meses da data marcada para o novo Enem. E fazer o novo exame com um consórcio inexperiente apavorava Reynaldo.

A comissão de licitação estava alheia aos medos do presidente do Inep. Não houve nenhuma comunicação entre eles. E às 14h20, a CEL se reuniu para julgar a proposta técnica do Connasel.

O consórcio recebeu a pontuação 619, o que o habilitava a realizar o Enem, e foi considerado vencedor. A nota máxima era 700. A sessão foi encerrada às 14 horas do dia 17 de julho.

Segundo o art. 43 da Lei nº 8.666/93, sobre licitações no país, "após a fase de habilitação, não cabe desistência de propostas, salvo por motivo justo decorrente de fato superveniente e aceito pela comissão". Na concorrência do Enem 2009, a Cesgranrio se retirou justamente depois de ser considerada habilitada, o que, portanto, exigiria uma explicação a ser aceita pela comissão. A atitude da Cesgranrio e, principalmente, a consequente reação da comissão foram alvo de investigação de uma auditoria interna do Inep, finalizada em 5 de janeiro de 2010.

Para o auditor-chefe, Raimundo Nonato Almeida Pereira, a comissão errou ao aceitar a desistência porque não foi apresentada pela Cesgranrio uma "motivação pertinente". O relatório conclui que houve "uma sequência de falhas procedimentais, que influenciaram, sobremaneira, no prosseguimento do certame".

A Comissão Especial de Licitação respondeu aos questionamentos da auditoria relatando o que ouviu do representante da Cesgranrio no momento da desistência: "Não há tempo hábil para a execução do exame, por isso estou saindo." Era 17 de julho. O exame seria realizado no dia 3 de outubro.

Em matéria publicada no jornal *O Globo*,* em 3 de outubro, dois dias após a denúncia do vazamento do Enem, o presidente da Cesgranrio também justificou sua desistência em participar da licitação. Carlos Alberto Serpa afirmou temer que, se fosse declarado vencedor, o Connasel entraria com recursos para tentar desqualificar a Cesgranrio. O procedimento não é incomum em licitações, mas atrasa o processo. Serpa lembrava que o Connasel, na etapa inicial, já havia tentado essa manobra, mas o pedido não foi aceito pela comissão.

"O tempo mínimo para trabalharmos era de sessenta dias corridos, contados a partir do final da licitação, para organizar concursos dessa abrangência. A primeira etapa aconteceu no dia 17 de julho e, na melhor das hipóteses, se ganhássemos a concorrência e não houvesse recurso da outra empresa contra o resultado, terminaria em

---

* Martha Neiva Moreira, "Serpa diz que nunca tinha ouvido falar das empresas". *O Globo*, 3 out. 2009.

17 de agosto. A prova estava marcada para os dias 3 e 4 de outubro. Não havia alternativa diante do pouco tempo", disse Serpa a *O Globo*.

Após o término da sessão, o órgão público não tem um prazo específico para publicar o vencedor no *Diário Oficial*. Nesse período, são feitas verificações de certidões e outros documentos, e, mesmo depois da divulgação pública do vencedor, ainda é preciso esperar um prazo para eventuais recursos.

O contrato com o Connasel foi efetivamente assinado em 13 de agosto, alguns dias antes do que previu Serpa. Mas o consórcio passou a ter apenas cinquenta dias para colocar o novo Enem de pé — um tempo menor do que ele dizia ser o mínimo necessário. No exame de 2008, por exemplo, entre a entrega de envelopes e o Enem, passaram-se 93 dias. Em 2007, esse período havia sido de 121 dias.

Na avaliação de Serpa, a preparação do exame de 2009 precisaria ser "duas vezes e meia maior" do que tinha sido feito no ano anterior pela própria Cesgranrio. O exame havia "se tornado mais complexo, unificando o acesso a algumas universidades públicas e, especialmente, a carreiras concorridas nessas instituições, como medicina, por exemplo". Havia mais exigências no edital, principalmente com relação à segurança.

Além do fato de aceitar a desistência da Cesgranrio, outro ponto também chamou a atenção da auditoria interna feita pelo Inep: a nota dada ao consórcio Connasel em sua proposta técnica.

A concorrência do Enem 2009 foi feita por técnica e preço, ou seja, foram avaliadas tanto a qualidade e a experiência da instituição como o valor pedido pelo serviço. O problema notado pela auditoria se deu na avaliação das condições do Connasel de aplicar o exame.

A nota máxima que um concorrente poderia ter recebido nessa área, segundo o edital, era de 700 pontos. A nota serve para classificar os concorrentes; quem tiver a nota mais alta na soma entre técnica e preço vence a licitação. Os pontos são dados com base em uma tabela predeterminada pelo edital. A nota que chamou a atenção da auditoria foi a chamada Fator 1, que media a capacidade da instituição de aplicar o exame por meio de trabalhos anteriores. A pontuação máxima era 200. Quanto mais abrangente tivesse sido um concurso já realizado pela concorrente, mais pontos ganharia.

Segunda a tabela do edital, a pontuação máxima era dada quando a empresa comprovava que já tinha aplicado um exame com mais de 500 mil candidatos, simultaneamente. Era preciso ainda que a avaliação tivesse abrangência nacional, ou seja, ter sido feita em no mínimo três regiões do país e em mais de 57 municípios.

A pontuação diminuía, por exemplo, conforme a quantidade de candidatos no concurso. Se tivesse entre 350 mil e 500 mil alunos, eram atribuídos 190 pontos à empresa. Com menos de 350 mil, 180 pontos. Foi nessa última opção que o Connasel afirmou se encaixar.

A página 65 do edital da concorrência afirmava que era obrigatório que houvesse a indicação, por meio de atestados, de que o concurso havia sido realizado "simultaneamente". Também era preciso apresentar a relação com todos os municípios em que a prova havia sido aplicada. "Informações incompletas ou inexistentes nos atestados implicarão na não pontuação do referido fator", dizia o edital, inclusive com as palavras em negrito.

O Connasel apresentou documentos referentes a alguns concursos realizados pelas empresas que formavam o consórcio. Um deles foi fornecido pelo Ministério da Justiça e mostrava que a Fun-Rio havia realizado um exame para o órgão. A prova, com 105.241 inscritos, foi realizada em cinco regiões e em exatos 57 municípios. O relatório da auditoria interna do Inep, no entanto, indicou dois problemas. Primeiro, o atestado não informava a relação dos municípios. Segundo, eram exatas 57 cidades, quando o edital falava em "mais de 57 municípios" para conseguir a pontuação.

Outros atestados apresentados pela Consultec, outra empresa que fazia parte do consórcio, não registravam que os concursos haviam sido realizados simultaneamente. Documentos da Cetro, a terceira empresa consorciada, tinham apenas "autodeclarações" de aplicação simultânea das provas já realizadas.

Com base nesses documentos, a página 18 do relatório da auditoria interna do Inep concluiu que atribuir 180 pontos ao Connasel foi um erro. "Segundo os Atestados de Capacidade Técnica constante nos autos e as regras do Projeto Básico, em nossa opinião, o Consórcio Connase [sic] não pontuaria no Fator 1. [...] Ou seja, a CEL deveria atribuir nota 0 (zero)."

Ao ser questionada sobre o assunto, a comissão de licitação respondeu da seguinte maneira: "Conclui-se que as pontuações levantadas pelo Auditor-chefe não levariam, caso afirmativas, à desclassificação do Consórcio, apenas levaria à diminuição dos seus pontos (ou a zerar esses fatores). Contudo, mesmo que nesses fatores o Consórcio recebesse 0 (zero), temos que observar que se tratava de apenas 1 (um) licitante." A explicação, que faz parte do relatório da auditoria, ainda lembra que "o edital não cita exigência mínima que não tenha sido respondida pelo Consórcio".

Ou seja, para a comissão, mesmo que o Connasel tivesse nota zero, ele não seria automaticamente desclassificado. Só colocaria o consórcio em desvantagem, caso houvesse outro concorrente. Mas não havia outro concorrente.

Sobre os 57 municípios, a comissão avisa que usou o "princípio da razoabilidade" em seu julgamento. Diz a resposta publicada na auditoria: "Uma empresa que realizou, simultaneamente, em 27 Estados e o Distrito Federal e em 57 municípios deveria, pelo princípio da razoabilidade, ser considerada de porte nacional. Acreditamos que 1 município a mais não faria diferença significativa em nossa análise."

Nota-se claramente um clima de animosidade entre a comissão de licitação e o auditor-chefe no relatório. O texto da auditoria conclui que "a CEL utilizou critérios subjetivos para atribuir 180 pontos ao Consórcio Connase (sic)".

Em sua resposta, o representante da comissão de licitação cita textos de Luiz Carlos Bresser Pereira sobre a evolução da burocracia. E inclui uma decisão do Tribunal de Contas da União que diz que a administração não pode ser tão "formalista a ponto de fazer exigências inúteis ou desnecessárias à licitação".

É uma discussão de detalhes. Sim, um município a mais não faria do Connasel uma empresa mais experiente. Mas o rigor em cumprir as exigências da licitação poderia ter mudado a história do Enem naquele ano?

Talvez uma nota zero tivesse chamado a atenção do presidente do Inep, Reynaldo Fernandes, a quem cabia anular ou revogar todo o processo. Segundo o TCU, antes da homologação das licitações, é preciso haver a certificação de que a proposta vencedora atende plenamente às especificações técnicas do edital.

Os erros apontados pela auditoria do Inep continuam na nota do Fator 3, que se refere à qualificação técnica dos coordenadores das equipes. Um dos profissionais exigidos na equipe da empresa que será contratada é o coordenador da correção da redação. Segundo o edital, ele precisava ter formação de doutorado em Língua Portuguesa ou Linguística Aplicada em Língua Portuguesa.

O profissional apresentado pelo Connasel para a função tinha doutorado na área de Educação. A comissão de licitação registrou 40 pontos — o máximo permitido nesse quesito — ao consórcio porque considerou Educação e Letras áreas correlatas. Mas, para a auditoria, Educação é uma área diferente da que era exigida pelo edital, e o Connasel também não deveria ter pontuado nesse requisito.

Se o Connasel tivesse recebido nota zero nos dois fatores que a auditoria considerou problemáticos, o consórcio teria recebido apenas 399 pontos na concorrência, em vez dos 619. Teria sido uma nota equivalente a 57% do total possível (700 pontos). Em vez disso, o Connasel teve uma pontuação que dava a entender que tinha alcançado 88,4% do máximo esperado pela empresa que seria contratada.

Uma nota bem pouco acima da média deixaria clara a dificuldade da concorrente em cumprir as exigências do edital. Mais uma vez, isso poderia chamar a atenção do presidente do Inep no momento da homologação da licitação. Mas Reynaldo não recebeu as pistas de que algo não ia bem com a única participante da concorrência. E, mesmo assim, é difícil saber se algo mudaria nessa história.

Reynaldo não entendia de licitações. Não conhecia sequer o sistema de pontuação usado na concorrência. Não acreditava ter experiência ou competência para julgar o trabalho dos servidores acostumados a integrar comissões licitatórias. Por isso, ele apenas ratificava as decisões, sem nenhum tipo de questionamento. Foi o que fez na Concorrência número 04/2009, sobre o Enem.

"Eu assinei mais de trezentas licitações nos quatro anos de Inep. Sabe quantas licitações vi na minha vida? Nenhuma. Tem uma comissão para isso", disse-me em entrevista em 2015 ao ser questionado sobre o episódio. "Isso não é função do presidente, não podia interferir nesse processo. Se eu questionar, eu estou perdido. Já pensou se eu mudo algo? Tô perdido."

Em uma sala simples de seu escritório na Vila Olímpia, Zona Sul de São Paulo, Reynaldo conclui que é fácil apontar erros após os fatos. "Sabendo como foi, algumas decisões eu tomaria de forma diferente, mas não sinto culpa. Com as informações que eu tinha na época, acho que tomei as decisões certas."

A proximidade do aeroporto de Congonhas e a janela escancarada por causa do calor deixavam o ambiente barulhento demais. Mas o ex-presidente do Inep seguia concentrado em suas memórias e reflexões. "Olhando hoje, talvez eu não tivesse feito o Enem."

# 12

## *O abraço*

O telefone tocou às 8 horas da manhã na minha casa. Era cedo para quem tinha ido dormir por volta das 3 horas. Jornalistas da Rádio Eldorado, pertencente ao mesmo grupo do *Estadão*, já tinham tentado me contatar pelo celular, que eu havia deixado no modo silencioso. Insistiram então no meu telefone residencial, cujo aparelho ficava ao lado da minha cama.

Meus colegas da Eldorado pareciam eufóricos. Passaram-se alguns segundos até que eu me lembrasse de tudo que tinha acontecido na véspera. E, numa conversa que durou menos de cinco minutos, meu interlocutor deixou claro que eu tinha uma incumbência de trabalho que precisava ser cumprida imediatamente: uma entrevista ao vivo na rádio contando detalhes do que havia acontecido no episódio do vazamento do Enem, na noite anterior. "O ministro está dizendo seu nome toda hora na televisão", avisou-me um produtor, empolgadíssimo.

O pedido de entrevista não me pareceu um pedido e, sim, uma obrigação com o Grupo Estado. Topei. Tive tempo só de levantar da cama com o telefone na mão. Já estávamos ao vivo. A âncora do jornal matinal da Eldorado me fazia perguntas. Fui respondendo, meio atrapalhada pela noite maldormida. Hoje não tenho nenhuma recordação sobre o que os ouvintes da Eldorado escutaram de mim naquela manhã de 1º de outubro de 2009.

Tomei um rápido café da manhã sozinha. Meu primeiro marido, também jornalista do *Estadão*, Herton Escobar, já tinha deixado de morar no nosso apartamento no Sumaré, na Zona Oeste de São Paulo. Liguei para o meu pai, Pedro, também jornalista e editor-executivo do jornal *Valor Econômico*, e contei sobre o que havia acontecido. Ele já tinha lido o jornal e comemorava o nosso furo. Me troquei e voltei para o *Estadão*, de onde saíra havia menos de 10 horas. A noite anterior não tinha acabado.

Assim que entrei na redação, ainda vazia, como é comum durante as manhãs nos jornais diários, vi o editor-chefe Marcelo Beraba. Ele apressou o passo e abriu um sorriso. Nós nos conhecíamos havia alguns meses, tínhamos uma convivência diária, mas pouca intimidade. Beraba vinha de braços abertos. Fiquei constrangida e emocionada. Ele me abraçou demoradamente e me parabenizou repetidas vezes pelo furo.

Confusa, agradeci, e corri para a minha mesa. Tamanho entusiasmo de um jornalista como Beraba, por quem tinha profunda admiração e respeito, fazia com que eu realmente começasse a acreditar que tinha feito algo grande. Mas ainda precisava de algum tempo para entender o sucesso repentino de uma repórter de educação.

Não escolhi trabalhar com educação. Escolhi, sim, a editoria em que começaria minha trajetória no *Estadão* no dia em que me sentei pela primeira vez diante do então diretor de redação do jornal, Antonio Pimenta Neves. Meu pai havia trabalhado onze anos em *O Estado de S. Paulo* e pediu que Pimenta me recebesse para entregar meu currículo, quando voltei de uma temporada de estudos e estágios em Nova York, no começo do ano 2000.

Era o início do que ficou conhecido como boom da internet na imprensa. Portais de notícias pipocavam no país como uma oportunidade para profissionais cansados das antigas redações e dispostos a se aventurar no que parecia ser o jornalismo do futuro. Um novo jornal de economia, o *Valor Econômico*, também acabara de ser criado e montara uma redação inteira do zero. Muitos tinham deixado o *Estadão* com boas propostas para um ou outro caminho.

Havia vagas em todas as editorias, e Pimenta, sem ao menos olhar meu currículo, que eu trazia numa pastinha embaixo do braço, me perguntou onde eu gostaria de trabalhar. Aos 22 anos, com pouca experiência, tive medo de escolher áreas como política ou economia, tidas como as mais importantes. Também não me interessava trabalhar com cultura ou esporte naquele momento. Escolhi a geral.

Foram as greves na educação, tanto nas escolas públicas como na Universidade de São Paulo (USP), que me fizeram virar uma repórter de educação. Em março de 2000, os professores da rede estadual e também os da municipal travavam uma batalha de meses com o governo estadual e a prefeitura, respectivamente, por aumento salarial.

No meu primeiro dia como repórter do *Estadão*, não fiquei nem meia hora na redação. Me apresentei para a chefia de reportagem e ela logo me mandou para a rua, para cobrir uma manifestação de professores da rede municipal, no centro da cidade. Sem saber nem por onde começar minha apuração, tive ajuda do fotógrafo Robson Fernandes, que me orientou a subir no carro de som do sindicato e entrevistar o presidente da entidade. Depois, a descer e a falar com alguns professores.

Voltei para a redação com a matéria bem-apurada. Foi o que concluí, já que a chefia não pediu nenhuma informação que eu não tivesse. Escrevi o que chamamos de "abre de página", isto é, uma matéria grande, com destaque, no alto. As greves duraram meses e, por causa disso, fui fazendo reportagens diárias sobre educação, conversando com professores, e conhecendo as escolas e seus problemas. Com a saída de Marta Avancini do jornal, uma experiente repórter da área, assumi o posto e passei a me especializar cada vez mais.

Mas a educação, no início dos anos 2000, ainda era vista como algo secundário na escala de importância de um jornal de porte nacional como o *Estadão*. Antes dela, vinham sempre as notícias de economia, política, internacional e até reportagens sobre a cidade, como trânsito ou criminalidade.

Pelo pouco destaque dado à educação, eu me contentava em fazer bem meu trabalho. Não esperava manchetes e comemorava — às vezes, solitariamente — meus próprios furos. Em dez anos de *Estadão*, porém, vi a situação mudar muito no noticiário de educação.

O jornal comemorou com entusiasmo o prêmio de melhor veículo a cobrir a área em 2006-2007, dado pelo Instituto Ayrton Senna. Diversas matérias, a maioria, eram minhas e da colega Simone Iwasso, que entrou no jornal em 2004, vinda da *Folha*, para cobrir educação e saúde. A educação nos tornou parceiras de reportagens e grandes amigas.

Em meados dos anos 2000, o interesse da direção do jornal pelo assunto tinha aumentado. Foi justamente logo depois do início de uma nova política de avaliações implementada no Brasil pelo governo FHC, algo que se manteve no governo Lula. A educação passou a ser mensurável.

Das pautas sobre aumento da mensalidade escolar e greve de professores passamos a poder revelar e analisar a qualidade do ensino no Brasil, a quantidade de alunos em cada nível de ensino, a estrutura das escolas, a formação dos professores. As matérias, recheadas de pesquisas e números, ficaram mais interessantes, analisavam políticas públicas. Surgiram também os rankings de escolas e universidades privadas, tão questionados por uns e adorados por tantos outros. A educação, por fim, foi se tornando um tema interessante para o Brasil e para o jornalismo.

Mesmo assim, até 2009, quando eu já era uma jornalista reconhecida e premiada pela atuação na área de educação, tinha emplacado menos de cinco manchetes em quase uma década de *Estadão*. *Folha* e *O Globo* apostavam um pouco mais no tema em meados dos anos 2000. O jornal carioca chegou a ter um recorde de treze manchetes de educação em 2007. Mas, no ano seguinte, o número baixou para três. Entre 2005 e 2008, a *Folha* aumentou de duas para sete a quantidade de manchetes de educação.

Foi quando veio o Enem.

Depois do abraço de Beraba, o diretor de redação Ricardo Gandour também apareceu na minha mesa para me parabenizar. Ele estava radiante. Tinha assumido a posição havia pouco tempo e um furo como esse punha o jornal numa posição privilegiada em relação aos concorrentes. Além disso, 1º de outubro era o dia do seu aniversário. Ele me disse que considerava minha matéria um presente.

Era a primeira vez que eu encontrava a chefia do jornal desde que elaboramos nosso plano de ação para checar a veracidade do exame que eu havia visto. No início da madrugada, quando veio a confirmação, Gandour e Beraba já haviam ido embora. Agora, comemorávamos nossa vitória conjunta.

Gandour ainda me fez um pedido: que não atendesse mais ninguém da imprensa para relatar os bastidores da reportagem. Demonstrou não ter gostado muito da minha participação na Eldorado. Tudo seria dito apenas nas páginas do *Estadão*. Recusei, em seguida, dezenas de pedidos de entrevistas de colegas de rádio, televisão, revistas, que queriam detalhes. Eu não era só a repórter, era personagem do caso.

A Polícia Federal, que passou a investigar o assunto, também me procurou. Combinei um depoimento para o dia seguinte. Tanto interesse me fez pedir autorização a Gandour para escrever durante a tarde, em meu blog, no portal do *Estadão*, sobre meu encontro com os homens que queriam vender a prova. O post se tornou campeão de visualizações, em um momento em que blogs de jornalismo ainda não faziam parte do cotidiano da imprensa. Comentários explodiam na tela a cada segundo. Um estudante me chamava de heroína.

Custava a acreditar que tinha feito algo extraordinário. Por volta das 11 horas, o ministro Haddad deu uma coletiva, transmitida ao vivo pelas TVs, em que citava meu nome e me agradecia pela "ética". Tive dificuldade para entender o elogio porque acreditava que agira como qualquer jornalista ávida por uma notícia importante e exclusiva. Apurei e publiquei o mais rápido possível tudo o que sabia.

A coletiva de Haddad continha as primeiras informações oficiais dadas pelo MEC sobre o que havia acontecido na noite anterior. A imprensa toda acompanhava com atenção a história mirabolante do vazamento da prova, que ainda tinha a participação de jornalistas do *Estadão*. "O pior lugar para se estar naquele momento era o MEC. O segundo pior era a redação da *Folha*", costuma dizer Antônio Gois, então repórter de educação da *Folha de S.Paulo,* sobre o impacto da matéria no jornal concorrente. Ele descobriu o dia difícil que teria pela frente ao ouvir as notícias pelo rádio do táxi que pegou para o trabalho na manhã de 1º de outubro. Só se falava no Enem. Ao assistir à coletiva, da redação da *Folha* no Rio, pensava em como ir atrás de informações novas para tentar compensar o furo tomado.

No *Estadão*, vários colegas, de Brasília, Rio e São Paulo, foram destacados para repercutir e tentar descobrir detalhes do vazamento da prova. Era a história do dia. Eu e Serginho ficamos encarregados de supervisionar o que chegava de outros repórteres e ainda escrever uma página inteira relatando detalhes do encontro com os dois homens.

Serginho também estava muito afetado pela repercussão da nossa matéria. Ele se incomodava com tantos elogios. Sentia que tinha apenas me ajudado no encontro sem ter feito nada de especial. Jornalista brilhante e reservado, ele não gosta de holofotes. E a excitação da noite e do dia seguinte ainda tinha desencadeado nele uma crise de labirintite. Passou a ter dificuldade para escrever o texto que nos foi designado.

Tínhamos dividido funções e, perto do fechamento, nosso texto ainda estava na metade. Saí da minha mesa e me sentei ao lado dele. Faltava pouco mais de meia hora para o fechamento. Serginho não escrevia mais uma linha. Disse que precisava fumar. Isso significava descer ao pátio do prédio do jornal, ou seja, tomaria um tempo razoável que não tínhamos. Faltava mais da metade da matéria. Eu precisava dele ali, também não estava em meu estado emocional normal.

Pedi que ele não saísse e, surpreendentemente, Serginho mudou de ideia e foi se acalmando. Ainda não sabíamos sequer o nome dos homens que tinham conversado com a gente naquele café. Nem como a prova foi parar nas mãos deles. A polícia não tinha pista alguma. Mas a matéria matou a curiosidade de quem queria detalhes sobre como havia sido o desenrolar da história. Agora, educação não interessava só a pais, alunos e educadores. Os leitores em geral queriam saber o que tinha acontecido e o que iria acontecer com o tal do Enem.

Conseguimos fechar a edição a tempo de assistir à edição do *Jornal Nacional*. Estávamos curiosos sobre como o noticiário televisivo mais importante do país contaria a nossa história. A matéria sobre o Enem encerrou o programa e teve artes com recortes do jornal e várias menções ao *Estadão*. O furo era nosso.

Imediatamente após o boa-noite de William Bonner, minha satisfação foi interrompida pelo som do meu celular tocando. Não reconheci o número e me afastei da TV para ouvir melhor o que o homem dizia.

— Renata?

— Sim.

— Você viu o que você fez? Mataram meu irmão por causa disso. Você achou que estava lidando com crianças?

— O quê?

Eu reconhecia a voz. Era um deles.

— Eu quero 10 mil reais amanhã. Te ligo de novo para combinar como vai me dar.

E desligou.

Desesperada, corri para a sala do Beraba. Minha editora, Luciana, me acompanhou. Enquanto eu descrevia a conversa, o celular tocou de novo. Atendi no modo viva voz para que os dois ouvissem.

— Só vou dizer mais uma coisa: não fale pra ninguém que te liguei.

E desligou novamente.

## 13

## *O DJ que fez o Enem dançar*

No dia seguinte, uma sexta-feira, 2 de outubro, o *Estadão* estava recheado de detalhes e repercussões de um dos maiores furos da história do jornal. Era também o dia em que o Comitê Olímpico Internacional decidiria qual cidade seria a sede dos Jogos de 2016.

Mas a manchete dizia "Enem fica para novembro e PF investiga vazamento". A linha fina informava que o MEC havia alterado a data após ter sido alertado pelo *Estadão* sobre o vazamento. A foto da primeira página mostrava Haddad cercado por dezenas de jornalistas.*

A edição tinha sete páginas sobre o assunto. "Por dinheiro, dupla abala vida de 4 milhões de jovens", foi o título da matéria assinada por mim e por Serginho, que descrevia em detalhes o encontro, algo que não tivemos tempo de fazer na noite anterior. O texto usava um recurso novo para a época: destaques em amarelo para as frases mais importantes que pareciam ter sido feitas por caneta marca-texto. Um deles era para a frase de um dos dois homens: "A última coisa que a gente vai fazer é bater na porta do PSDB. Ano de eleição. A última saída vai ser essa."**

---

\* "Enem fica para novembro e PF investiga vazamento". *O Estado de S. Paulo*, 2 out. 2009.
\*\* Renata Cafardo e Sergio Pompeu, "Por dinheiro, dupla abala vida de 4 milhões de jovens". *O Estado de S. Paulo*, 2 out. 2009.

Havia ainda repercussões sobre a investigação policial, sobre as universidades que iriam usar o exame para sua seleção, fotos e depoimentos de alunos chocados com a notícia. Uma matéria pequena mostrava Azor José de Lima, diretor da FunRio, uma das empresas do consórcio Connasel, afirmando que o vazamento era político. Ele dizia que era praticamente impossível ter ocorrido na gráfica, "já que era vigiada 24 horas por dia por câmeras de segurança". E acusava: "É mais fácil que tenha sido no Inep porque houve contato de mais de um funcionário com os exames."*

A gráfica Plural, onde as provas haviam sido impressas, também afirmava não ter qualquer responsabilidade no episódio do vazamento do Enem e que entregaria à polícia as gravações feitas por suas câmeras de segurança.

Além de amargar o furo do concorrente e repetir em suas matérias que o *Estadão* havia revelado o roubo da prova, a edição da *Folha de S.Paulo* de 2 de outubro tinha outra informação difícil de lidar. Já na primeira página, no texto abaixo da manchete "Prova do Enem é adiada; PF investiga vazamento", havia a informação de que a gráfica Plural era uma "parceria entre o Grupo Folha e a Quad Graphics".**

A edição, em um caderno Cotidiano especial, trazia na página 2 uma matéria no alto, cujo texto era praticamente todo ocupado com uma nota divulgada pela Plural.*** Parte do texto dizia:

> A equipe de segurança do Consórcio acompanhou, 24 horas por dia, todo o processo produtivo, inclusive a guarda de produtos semiacabados, em áreas especialmente determinadas para esse fim.
> [...]
> A Plural cumpriu suas obrigações relacionadas a segurança, inclusive com controles de acesso a seu prédio por meio de catracas eletrô-

---

\* Fabiana Cimieri, "'Vazamento é político', diz dirigente da FunRio". *O Estado de S. Paulo*, 2 out. 2009.
\*\* "Prova do Enem é adiada; PF investiga vazamento". *Folha de S.Paulo*, 2 out. 2009.
\*\*\* "Gráfica descarta vazamento na empresa". *Folha de S.Paulo*, 2 out. 2009.

nicas e câmeras de segurança em seu parque gráfico. Especialmente para fins deste contrato a Plural tomou ainda as seguintes medidas:

1. As áreas de equipamentos de impressão e acabamento foram isoladas, com acesso restrito e utilização de detector de metais.
2. Todo resíduo industrial de impressão foi triturado na presença de representantes do Consórcio.
3. As matrizes de produção foram embaladas, lacradas em caixas e entregues aos representantes do Consórcio.
4. Todos os profissionais envolvidos na operação, inclusive impressores que trabalharam em máquinas e os profissionais de acabamento, assinaram termo de responsabilidade de sigilo e declaração de não participação deste certame do ENEM.
5. A produção demorou 36 dias e foi finalizada em 29/09/09.

A informação de que a gráfica poderia pertencer ao jornal concorrente já tinha surgido ainda na madrugada do dia 1º. Depois que Reynaldo Fernandes mencionou sua suspeita de que o vazamento teria acontecido na gráfica, Serginho ligou para um colega que trabalhava no setor gráfico e teve a indicação de que a Plural estaria imprimindo o Enem. Numa busca na internet, descobrimos a relação entre a Plural e a *Folha*, mas era tarde demais para conseguir confirmar tamanha coincidência.

Naquela recheada edição de sexta-feira, 2 de outubro, não havia nenhuma informação que pudesse identificar os nossos interlocutores. Não sabíamos seus nomes, mas tínhamos fotos do encontro. Por decisão da diretoria do *Estadão*, no entanto, nenhuma foto foi publicada. O jornal optou pela cautela, usando o direito de não divulgar a fonte em um primeiro momento.

Um artigo do jornalista e professor da Escola de Comunicações e Artes da Universidade de São Paulo (ECA–USP) Eugênio Bucci, nessa mesma edição, corroborava a decisão:

> O primeiro compromisso de um jornal é com o leitor, não com as autoridades. O episódio do vazamento ilegal da prova do Enem serve de mais uma ilustração preciosa desse princípio, às vezes

tão desprezado. Ao ter acesso a uma cópia da prova que estava ilegalmente em poder de intermediários interessados em vendê-la ao jornal, de forma criminosa, por R$ 500 mil, o *Estado* procurou imediatamente o MEC. Fez o certo.

O objetivo dos repórteres não era ajudar o ministro, mas confirmar a autenticidade das questões. Tratava-se de uma verificação obrigatória. E se tudo não passasse de mais uma dessas encenações conspiratórias que, vez por outra, despencam nas redações? Desta vez, o caso era realmente grave. O ministério concluiu que as questões de fato correspondiam à prova que seria aplicada no domingo e, ato contínuo, adiou o exame. Também o MEC fez o certo.

De sua parte, tendo comprovado o vazamento, o jornal publicou a notícia devidamente checada, já informando o adiamento do Enem. Cumpriu a sua função. E, ao checar a informação, não apenas informou adequadamente a sociedade, como acabou alertando o próprio MEC. Com isso, 4 milhões de jovens foram poupados do desgaste de se submeter a um exame que seria anulado.

Fora isso, jornalistas não são policiais. Não são linha auxiliar de investigações criminais. Prestam contas e informações ao público e apenas ao público. Nenhuma autoridade deve esperar que um profissional de imprensa diga a ela o que não dirá ao leitor. Jornalistas dispõem da garantia constitucional do sigilo da fonte, sem o qual o exercício cotidiano da reportagem seria impraticável.

Daqui para a frente, esclarecer como é que uma prova tão importante e sigilosa saiu dos cofres oficiais e foi parar na mão de trambiqueiros é uma tarefa da polícia, do Ministério Público, do Judiciário. Não da imprensa. Esta cumpriu seu papel ao noticiar que um crime foi cometido sob as barbas da administração pública. [...]*

Mas o MEC não concordava inteiramente com essa posição. Ao convocar uma coletiva para explicar o cancelamento da prova, o ministro Fernando Haddad teceu elogios ao meu trabalho, mas fez

---

* Eugênio Bucci, "A função da imprensa e os sigilos de cada um". *O Estado de S. Paulo*, 2 out. 2009.

também um apelo ao jornal e à sociedade para que o ajudassem a encontrar os suspeitos. Naquela sexta-feira, Haddad chegou a ligar algumas vezes para mim e para o diretor do *Estadão*, Ricardo Gandour, pedindo que entregássemos todo o material fotográfico que tínhamos para a Polícia Federal.

Recebi esses telefonemas em meu celular na casa do meu pai porque não fui à redação na sexta-feira, um dia depois de publicar a matéria mais importante da minha carreira. Após o telefonema no fim da noite de quinta-feira, quando fui ameaçada, passei a receber proteção policial.

O Grupo de Operações Táticas (GOE) da Polícia Civil de São Paulo tinha sido designado pelo secretário de Segurança Pública do estado, Antonio Ferreira Pinto, para fazer minha segurança. Ele foi informado pela direção do *Estadão* minutos depois da ameaça e carros do GOE foram ao jornal me buscar no fim da noite. Fui levada para meu apartamento com a recomendação de fazer uma pequena mala e me mudar para um lugar seguro.

Assustada, segui prontamente as orientações e pedi que me levassem para a casa do meu pai, que ficava no mesmo bairro. No caminho, um dos policiais me perguntou se eu era a "menina do Enem", de quem todos estavam falando. Eu tinha 32 anos, mas não liguei de ser chamada de menina. Ele brincou, pedindo que eu autografasse o teto da viatura.

Na sexta-feira, pela manhã, outro carro do GOE me levou à Polícia Federal para prestar depoimento. Entrei por uma porta lateral da sede da PF na Lapa, Zona Oeste de São Paulo. Um escrivão me ouviu contar detalhes de tudo que sabia até então. Mencionei a ligação, o encontro, a ameaça. Fazia questão de não esquecer nenhum detalhe e vez ou outra voltava para acrescentar algo, mesmo sem ser questionada. Avisei também que havia gravado o encontro no café, mas ele não me pediu as fitas dos gravadores.

Ao andar pelos corredores da PF, vi uma mulher em outra sala, que parecia também prestar depoimento. "Renata, parabéns pelo furo", me disse Laura Capriglione, repórter da *Folha*. Eu não a conhecia pessoalmente. Ela havia sido chamada para depor porque tinha se encontrado no dia anterior com Luciano Rodrigues, dono de uma pizzaria. Eu desconhecia a existência de Rodrigues, mas fiquei sabendo pela matéria de Laura que ele era um dos suspeitos de participar do esquema da venda do Enem.

O texto também dizia que Rodrigues tinha ligado para o jornal concorrente para avisar que dois conhecidos estavam dispostos a vender a prova. Ele era proprietário da Donna Pizzaria e Restaurante, nos Jardins, bairro de classe alta paulistana. No telefonema, Rodrigues falou com a editora-adjunta Denise Chiarato, mas o jornal não deu prosseguimento à apuração naquela noite.

Depois que revelamos o vazamento da prova, a *Folha* pediu que Laura fosse atrás dele. A repórter foi ao local, mas não encontrou Rodrigues. No fim do dia, ele ligou para ela e confirmou que dera o telefone de jornalistas da *Folha* e do *Estadão* para a dupla que queria vender a prova. Mas que não sabia da intenção deles. "Eu não sabia sobre o que seria a conversa. Se alguém lhe pedisse para apresentar alguns jornalistas, você não ajudaria?", disse para Laura.* Questionado sobre a identidade dos amigos, mostrou nervosismo e avisou que não era "dedo-duro".

Rodrigues não gostou da matéria da *Folha*. No mesmo dia em que a reportagem foi publicada, o seu então advogado Luiz Vicente Bezinelli, um ex-professor da PUC, procurou o repórter do *Estadão*, Fausto Macedo. Em 2009, Fausto já trabalhava havia mais de quinze anos no Grupo Estado e era um dos mais respeitados jornalistas da área de polícia e Justiça do país.

Eu estava em casa, sob proteção policial. Como não participava da cobertura do roubo do Enem até então, Fausto chamou Serginho para acompanhá-lo numa conversa com Bezinelli. Os três se

---

* Laura Capriglione e Marcos Grinspum Ferraz, "Dono de pizzaria tentou intermediar venda de prova". *Folha de S.Paulo*, 2 out. 2009.

encontraram no próprio jornal. O advogado tinha mais confiança em falar com o *Estadão* porque seu cliente havia sido funcionário da empresa por mais de dez anos. Um irmão de Rodrigues também trabalhava na empresa.

Rodrigues teve uma carreira ascendente na Agência Estado e chegou a gerente de Broadcast, a área que cuida das informações em tempo real enviadas para o mercado financeiro. Ele acabou saindo da empresa algum tempo antes do episódio do Enem e depois da entrada do novo diretor, Daniel Parke.

Formado em publicidade, morava na Zona Leste da cidade e constantemente era visto com carros de luxo. Certa vez, impressionou os colegas da firma ao aparecer com um Camaro, cujo preço do veículo usado não é menor que R$ 100 mil. Antes da pizzaria, já havia sido proprietário de um bar e era frequentador assíduo de baladas paulistanas.

Os amigos que fez na Agência o ajudaram a descobrir com quem falar no jornal sobre o Enem. Rodrigues ligou para um deles na noite do dia 29 de setembro. Era tarde e já não havia muitos jornalistas na redação. Meu nome foi citado pelos colegas do jornal como especialista em educação e pessoa ideal para falar sobre o Enem. Não foi Rodrigues quem me procurou na tarde do dia 30, e sim um dos dois que se encontraram comigo no café. Mas o interlocutor sabia meu nome completo e meu ramal de telefone.

Rodrigues fez o mesmo caminho com amigos na *Folha de S.Paulo*.

Na conversa, o advogado tentou convencer Fausto e Serginho de que seu cliente só havia passado os contatos a conhecidos que frequentavam sua pizzaria. Eles o haviam procurado por saber de sua proximidade com empresas de comunicação. Bezinelli insistia que Rodrigues não estava envolvido em uma eventual negociação de dinheiro pela venda do exame.

Enquanto ouvia, Serginho se lembrava do que tinham dito os dois homens durante nosso encontro no Fran's Café. Segundo eles, os R$ 500 mil pedidos pelo Enem seriam divididos por cinco pessoas. O fato de o grupo ser numeroso era inclusive uma justificativa para o alto valor.

Mas Bezinelli deu uma informação bem mais importante. Ele contou que um dos homens que se encontraram conosco se chamava Gregory e trabalhava como DJ. O nome incomum, apesar da falta do sobrenome, foi crucial para localizá-lo.

Em 2009, as pesquisas por pessoas na internet eram menos eficientes. Serginho então pediu a ajuda de Rodrigo Martins, repórter do caderno Link do *Estadão*, um jovem especialista em tecnologia. Era noite de sexta-feira, 2 de outubro.

Pouco tempo depois, Martins apareceu com algumas fotos disponíveis na internet — em sites como Google e MySpace — de DJs com nomes semelhantes. Um deles era Gregory Camillo. O rosto era o do gordinho que tinha aparecido com o Enem embaixo do braço naquela noite no Fran's Café. "É ele", vibrou Serginho.

As informações encontradas na busca de Martins davam conta ainda de que ele era colaborador de uma revista eletrônica sobre música. Foi fácil encontrar o telefone do veículo na internet. Serginho então se identificou como repórter do *Estadão* e disse que estava interessado em fazer uma matéria com Gregory. O colega do outro lado da linha prontamente forneceu o celular do DJ.

— Aqui é o Sergio, para quem você tentou vender a prova do Enem. — Uma música altíssima tocava do outro lado. Gregory estava trabalhando numa casa noturna do Itaim, Zona Sul de São Paulo.

— Em que posso te ajudar? — disse, tranquilamente, o DJ.

— A polícia vai atrás de você, poderia me contar sua versão da história — sugeriu o repórter.

Sem demonstrar qualquer apreensão, Gregory disse que tocaria a madrugada toda. Ele ainda informou que se apresentaria à Polícia Federal.

— Estou com tudo documentado, registrado em cartório, para tentar uma delação premiada.

Serginho e Gregory conversaram por onze minutos. Vez ou outra, ele interrompia a ligação para trocar o set de músicas. Confirmou

Felipe Pradella, de capuz amarelo, e Gregory Camillo, atrás de Renata Cafardo, que está de costas. Todos sentados à mesa do café quando houve a tentativa de venda da prova do Enem, em 30 de setembro de 2009.

Felipe Pradella fala ao celular antes de entrar no café para encontro com jornalistas do *Estadão*. Por decisão do jornal, esta foto só foi publicada alguns dias depois da reportagem que revelou o vazamento e foi crucial para a identificação do suspeito.

Gregory Camillo aparece, à direita, de boné. O jornalista do *Estadão* Sergio Pompeu está de costas, à esquerda. Ambos também estão sentados à mesa do café durante encontro em que a prova do Enem foi mostrada aos jornalistas do *Estadão*.

Alunos de um pré-vestibular de São Paulo leem a edição do *Estadão* com a matéria sobre o cancelamento do Enem no dia 1º de outubro de 2009.

No Rio de Janeiro, adolescente protesta contra o vazamento do Enem, em 1º de outubro de 2009.

Estudantes protestam no Palácio Capanema, sede do Ministério da Educação no Rio de Janeiro, contra a falta de segurança no Enem, em 5 de outubro de 2009.

Imagens do circuito interno da Gráfica Plural mostram Felipe Pradella e o colega Marcelo Sena juntos no momento em que teriam escondido um dos cadernos de prova sob a blusa.

## FRAUDE NO ENEM ◦ Bastidores

# Por dinheiro, dupla abala a vida de 4 milhões de jovens

Com exame em mãos, os dois homens pediram R$ 500 mil para entregar a prova do Enem

**Renata Cafardo
Sergio Pompeu**

Os dois homens que derrubaram o exame que custou cinco meses de preparação para 4 milhões de jovens brasileiros sabiam da importância do material que tinham em mãos: as provas do Enem que seriam aplicadas neste fim de semana. "Isso aqui derruba um ministério". Viram ali a chance de ganhar um bom dinheiro. "Queremos R$ 500 mil". Mas a estratégia parecia primária.

Em nenhum momento eles deram seus nomes ao *Estado* e foram só identificados no texto como "Informante" (a sugestão partiu deles mesmo) e "Sócio". Os dois tentaram em todo poder de bons moços. "Já participei de concursos, também fico revoltado com as coisas. Meu irmão, de 16 anos, vai fazer a prova", disse o Informante. "Isso (*a prova*) está na mão de um monte de filho de parlamentar em Brasília", completou Sócio.

O primeiro contato com a redação foi pelo Informante, às 15h30 de anteontem. "Tenho uma informação sobre o Enem", disse, sem telefonema. "**Tenho a prova toda, 180 questões, já impressas.**" Deixou bem claro que queria "negociar". Deu um número de celular.

A reportagem falou quatro vezes com o Informante durante a tarde. Ele exigiu um encontro em um local público, quando mostraria a prova e daria detalhes de como a conseguiu. Informou que teria um corte de roupa usaria, uma jaqueta preta. Aceitou-se o lugar indicado pelo *Estado*, uma café na zona oeste, uma horá rio foi mudado duas vezes. Por fim, ficou determinado que seria às 19h15.

A equipe do jornal foi ao encontro e incluir o repórter fotográfico Evelson de Freitas) chegou ao local com antecedência. Enquanto esperava, o Informante telefonou duas vezes: tinha se perdido. Avisou que teria o apoio de pessoas que ficariam de fora do café. Mas o primeiro a aparecer foi um ho-

mem moreno, aparentando 30 poucos anos, vestido com uma jaqueta amarela, com capuz. Era o Sócio.

A primeira providência de Sócio foi perguntar se os jornalistas tinham levado gravador. Enquanto isso, Informante chegou e sentou-se à mesa. Também moreno, de olhos claros, tinha a tal jaqueta preta e usava boné. Levava uma pasta de material sintético.

"**Uma pessoa do Inep, do MEC, tirou isso lá de dentro e passou para uma pessoa que a gente conhece**", disse Sócio. "**Chegou por acaso**", completou Informante.

Ele garantiu que não teve acesso ao "responsável pelo vazamento da prova". "Não é nosso trabalho, eu sou funcionário público, ele (*Sócio*) também trabalha. Não veio nada de a gente isso aí. A gente tá meio perdido."

### AS QUESTÕES

A reportagem pediu para ver a prova. Mesmo sem nenhuma garantia de que haveria pagamento, Informante tirou o caderno da prova da pasta e o colocou na mesa. Não se importarem em falar baixo ou se havia outras pessoas ao lado.

Passou primeiro a folha de rosto, com instruções gerais sobre o tempo de prova, o preenchimento do gabarito e outras informações para o candidato. **Tinha os logotipos do MEC e do Inep, no canto inferior esquerdo, a relação das empresas do consórcio contratado para a realização da prova**.

**ALERTA** - Reprodução de e-mail enviado pelo 'Estado' a Haddad

e um número 1: era o exame de domingo, com 90 questões de Linguagem e Matemática.

A dupla se recusou a mostrar aos repórteres a folha com o tema da redação. "Se sabe, amanhã você enxerata no jornal", disse Sócio.

O primeiro item do Enem reproduzia uma das provas em quadrinhos da personagem Mafalda. Nas folhas seguintes estavam os dois itens que comprovavam a leitura atenta e autoral da prova do Inep, Reynaldo Fernandes, como a comprovação de um poema *Quadro de Exilio* e uma imagem da bandeira do Brasil com o verbo suprimido, simbolizando desmatamento.

A prova também tinha um texto da revista *Veja* sobre o filme *Touro Indomável*, uma questão que mencionava o MSN (sistema de mensagens online) e outra que citava os versos de Car-

los Drummond de Andrade: "No meio do caminho tinha uma pedra / tinha uma pedra no meio do caminho".

"Agora já vi demais", decretava o *Estado* na hora de falar do preço. Era hora de falar de mais do cadeado na mesa. Dizia que o dinheiro seria dividido entre cinco pessoas. A reportagem então argumentou que se tratava de um documento de utilidade pública.

"**Utilidade pública não paga meu salário**", retrucou Sócio. "**É grana, é grana**."

Informante, sempre mais educado, tentou mostrar que a transação valia o que se dava por ela. Disse que o jornal receberia o originais das provas de sábado e domingo, cópias dos exames registrados em cartório e até uma breve descrição do conteúdo material chegara até às 15h por e-mail ao ministro da Educação, Fernando Haddad, com exemplos de questões e em quais páginas apareceriam na prova.

O próprio ministro informou à reportagem sobre to do movimento que em Brasília para confirmar e autenticidade do exame.

Ele queria o pagamento em dinheiro e mencionou até um contrato que garantiria o "sigilo da fonte" – entendimento jurídico de que o jornalista tem o direito de preservar as fontes de suas informações.

Durante a conversa, Sócio citou a questão do sigilo como argumento para a escolha do veículo de imprensa para a venda das provas.

"**A última coisa que a gente vai fazer é bater na porta do PSDB. Ano de eleição. A última saída vai ser essa**", completaram. Com a negativa do *Estado* em comprar o material, o encontro terminou pouco mais de 40 minutos.

A reportagem enviou e-mail ao ministério da Educação, Fernando Haddad, com exemplos de questões e em quais páginas apareceriam na prova.

O próprio ministro informou à reportagem sobre toda a movimentação em Brasília para confirmar a autenticidade do exame.

Nem o ministro nem o presidente do Inep tinham visto a prova, até então.

Três funcionários foram levados ao Inep para abrir o cofre em que estavam plastificadas as questões. No havia uma prova impressa, sim, as 180 perguntas digitalizadas.

Cerca de quatro horas depois do primeiro contato da reportagem com o ministério, por volta da 1 hora da noite, o presidente do Inep ligou à *Estado* e confirmou que a prova tinha vazado.

"**Tudo isso é que a gente tá fazendo é com orientação jurídica**", disse Informante.

"Há fortes indícios de vazamento, 99% de chance." O Enem estava cancelado. ●

---

Reportagem de uma página, publicada no dia seguinte ao furo, descreve momento a momento como foi o encontro com os dois homens que tentaram vender a prova aos jornalistas do *Estadão*. No detalhe, o e-mail enviado ao ministro Fernando Haddad sobre o conteúdo de algumas questões da prova.

Matéria mostra os agradecimentos públicos do ministro Fernando Haddad ao jornal O *Estado de S. Paulo* por revelar o vazamento do Enem, uma atitude curiosa. O argumento é o de que a descoberta da fraude antes da aplicação da prova tornou mais simples a sua reorganização do que se tivesse ocorrido depois do exame. A atitude de Haddad acabou colocando-o, inteligentemente, como vítima, e não culpado, da situação.

O *Jornal da Tarde*, jornal popular do Grupo Estado, estampou na primeira página do dia 3 de outubro a foto de Felipe Pradella feita na porta do café onde ele se encontrou com jornalistas do *Estadão*. A manchete criativa também chamava a atenção. Outro destaque da página é a informação de que ele havia ameaçado a repórter Renata Cafardo. Equivocadamente, ele foi chamado de Fábio pelo jornal, pois era o nome ao qual as investigações tinham chegado até então.

No mesmo dia, o *Estadão* publicou a mesma foto de Felipe Pradella em apenas uma coluna, na parte inferior da página, sem destaque. Foi a primeira vez que a imagem foi divulgada pelo jornal, por decisão da direção. Até então, havia o consenso de que não era função do jornal entregar os suspeitos. Mas isso mudou depois que a repórter Renata Cafardo foi ameaçada. A informação está em um pequeno box na mesma página. Na foto no alto da página, a reunião entre integrantes do MEC e do consórcio Connasel, que decidiu pelo cancelamento do contrato com a empresa que aplicava o Enem. À esquerda, Reynaldo Fernandes, presidente do Inep; ao lado dele, Henrique Paim, secretário executivo do MEC. A única mulher à mesa é Itana Marques, responsável pelo Connasel.

Capas e manchetes do *Estadão* nos dias que se seguiram ao vazamento do Enem exibem a extensiva cobertura feita pelo jornal, com matérias exclusivas. No dia 3, o assunto perde espaço para a escolha do Rio como sede das Olimpíadas de 2016, mas volta à manchete no domingo, edição mais nobre dos jornais impressos. Os jornalistas identificaram, inclusive, antes da polícia, quem eram os suspeitos pelo roubo do exame.

● Edição das 28h15

# O ESTADO DE S. PAULO

SÁBADO

JULIO MESQUITA
(1891-1927)

DIRETOR:
RUY MESQUITA

Reprodução

SP, RJ, MG, PR e SC: R$ 2,40. Demais Estados: ver tabela na página A2.

3 de outubro de 2009 – ANO 130. Nº 42354

estadao.com.br

# Olimpíada de 2016 é do Rio

● Após duas tentativas frustradas, cidade derrota Chicago, Tóquio e Madri ● Escolha histórica coloca os Jogos pela primeira vez na América do Sul ● Desafio é maior porque Brasil fará também a Copa de 2014

O Rio de Janeiro foi escolhido ontem como sede da Olimpíada de 2016. A decisão histórica acaba com 120 anos de assimetria política e desportiva, ao colocar os Jogos Olímpicos na América do Sul pela primeira vez. O projeto brasileiro, iniciado há 10 anos e derrotado antes em duas ocasiões, desta vez superou três concorrentes fortes: Chicago,

Tóquio e, por fim, Madri. O placar da última votação no Comitê Olímpico Internacional (COI) foi inapelável: 66 votos para Rio, 32 para Madri. Embora o projeto carioca fosse considerado perfeito do ponto de vista técnico, o que pesou a favor na decisão do COI foi a possibilidade de universalizar os Jogos. Além dos simbolismos, a escolha acrescenta desafio ao futuro próximo do Brasil, que será sede da Copa do Mundo de 2014. "Temos consciência do que é preciso fazer", disse o presidente Lula. ● CADERNO ESPECIAL

## Custo deve superar R$ 30 bi

●●● O projeto para os Jogos de 2016 é ambicioso. A Olimpíada contará com 33 instalações, 10 já prontas. Oito vão passar por reformas, 11 serão construídas e

4 serão temporárias. O comitê Rio-2016 prevê gastar com equipamentos R$ 900 milhões. O custo total deve superar R$ 30 bilhões. ● PÁGS. H12 e H13

VIBRAÇÃO – No instante da escolha do Rio para sediar os Jogos de 2016, explodiu a festa em Copacabana (na foto do alto) e em Copenhague (acima), com Lula e os demais membros da delegação brasileira

### ANÁLISES

**Celso Ming**
#### Enfim, o futuro
●●● Assim como Pequim-2008 alavancou a China na economia global, 2016 tem tudo para ser a data em que o futuro finalmente chegou para o Brasil. ● PÁG. B2

**Daniel Piza**
#### A sombra do Pan
●●● O Pan deixou um legado de dúvidas e dívidas. Para 2016, a obrigação mínima é não cometer os mesmos erros. ● PÁG. H4

**Torben Grael**
#### Esporte sem apoio
●●● Em entrevista, o campeão olímpico diz que é bom fazer os Jogos, mas o País não tem política esportiva. ● PÁG. H16

## Lula vai intervir na crise entre BC e Fazenda

O presidente Lula poderá arbitrar a nova crise entre o Ministério da Fazenda e Banco Central. O objetivo é evitar que o descontrole dos gastos sirva de bandeira eleitoral à oposição. Ontem, o ministro Guido Mantega (Fazenda) reforçou as críticas e advertência do BC sobre o impacto na inflação do aumento dos gastos públicos. ● PÁGS. B1 e B3

### CADERNO 2
**Ubaldo lança 'O Albatroz Azul'**

●●● Escritor, que não publicava desde 2002, completa 50 anos de carreira.
● PÁG. D6

## MEC deve substituir organizador do Enem

Vazamento ainda não foi esclarecido

O Ministério da Educação prepara operação para substituir o consórcio Connasel na organização do Enem, cancelado depois de o **Estado** ter alertado o MEC de que a prova havia vazado. Uma das alternativas seria transferir a organização da prova para o Instituto Na-

cional de Estudos e Pesquisas Educacionais (Inep), com apoio do Exército e dos Correios. Outras empresas estão sendo procuradas. O MEC entende que as explicações dadas até agora pelo Connasel para o vazamento não foram convincentes. ● PÁG. A26

'ESTADO' SOB CENSURA HÁ 64 DIAS ● PÁG. A17

## Metrô ligará Congonhas ao estádio do Morumbi

O governo paulista lançará até novembro o edital para construção da Linha 17-Ouro do Metrô, que vai ligar o Aeroporto de Congonhas ao estádio do Morumbi. A proposta é fazer um monotrilho em pista suspensa. A primeira fase deve estar pronta em dezembro de 2010, como parte dos investimentos para a Copa de 2014. ● PÁGS. C1 e C3

### NOTAS E INFORMAÇÕES
#### O vazamento da prova do Enem
●●● O Enem mudou a toque de caixa. Tanto açodamento só podia resultar em confusão. ● PÁG. A3

**Tempo: CAPITAL**
● PÁG. C2

29° MÁX.    16° MÍN.

Tempo fica abafado e pode chover à tarde.

Hoje: 140 páginas
A: 1º caderno: 32 ● B. Economia: 20 e C. Metrópole: 8
● D. Caderno2: 16 ● E. Esportes: 4 ● H. Especial Olimpíada: 20 ● Ex. Estadinho: 8 ● Ca. Autos: 14 ● Cl. Imóveis: 5 (2.180 anúncios)

# O ESTADO DE S. PAULO

**DOMINGO**

JULIO MESQUITA (1891-1927)
DIRETOR: RUY MESQUITA

Edição das 23h15

SP, RJ, MG, PR e SC: R$ 4,00. Demais Estados: ver tabela na página A2.

4 de outubro de 2009 – ANO 130. Nº 42355

estadao.com.br

## ALIÁS
### Os desafios olímpicos
Para o historiador Hilário Franco Júnior, não é um evento esportivo de um mês que vai mudar 500 anos de cultura do improviso no Brasil.

### ESPORTES
Após trazer os Jogos, o desafio é fazer do Brasil uma potência olímpica.

## CLASSIFICADOS
**14.386** é o total de ofertas

**7.994** anúncios classificados

### autos
Releitura do simpático 500, da Fiat, chega ao Brasil.

## tv&lazer
### Heroína noveleira
Na estreia como protagonista, a atriz Camila Pitanga vive Rose, uma faxineira fã de novelas, em *Cama de Gato*.

## CULTURA
### Guerra sobre a noção do moderno
Livros opõem a visão americana e europeia sobre o legado da vanguarda.

# PF indicia empresário e DJ por vazamento do Enem

**Um dos suspeitos incriminou um segurança do consórcio responsável pela prova**

A Polícia Federal indiciou dois suspeitos de fraudar o Enem: o empresário Luciano Rodrigues Craid, informam **Renata Cafardo**, **Sergio Pompeu** e **Fausto Macedo**. A PF está convencida do envolvimento de ambos na trama do vazamento das provas, revelado pelo **Estado** na última quinta-feira. Em interrogatório, Gregory afirmou que Felipe Pradella, funcionário do consórcio contratado para aplicação do exame, foi quem obteve as provas e as repassou a ele. O objetivo era tentar vender os documentos "para repórteres" e "levantar um dinheiro". O segurança ainda não foi localizado. Ao jornal, antes de se apresentar à polícia, Gregory – um jovem popular, com cerca de 800 amigos no Orkut – buscou se mostrar arrependido e disse que tentaria obter "delação premiada". ● **PÁGS. A23 e A24**

● **Mesmo antes do vazamento da prova do Enem, o governo já estudava mudar o exame para evitar problemas**, relata o repórter **Eduardo Nunomura**. A ideia é fazer cinco ou mais provas diferentes, para reduzir a possibilidade de fraude. ● **PÁG. A25**

### MEC quer prova 'antifraude'

## Aquecimento econômico faz mercado prever alta de juros

O ritmo de aquecimento da economia brasileira pós-crise está pegando o Banco Central e os analistas do mercado de surpresa. Em meio a projeções de alta do PIB que vão de 5,4% a 7% em 2010, cresce o temor de volta da inflação. As taxas de juros de mercado já projetam alta da Selic do atual nível de 8,75% para próximo de 13% no início de 2011. Analistas se preocupam com a capacidade do BC de ministrar o aperto monetário no ano eleitoral. ● **PÁGS. B1 e B3**

---

# O ESTADO DE S. PAULO

**SEGUNDA-FEIRA**

JULIO MESQUITA (1891-1927)
DIRETOR: RUY MESQUITA

Edição das 23h15

SP, RJ, MG, PR e SC: R$ 2,50. Demais Estados: ver tabela na página A2.

5 de outubro de 2009 – ANO 130. Nº 42356

estadao.com.br

# Vazamento faz MEC substituir consórcio do Enem

**Governo busca saída para romper contrato com o grupo que organizaria a prova, cujo sigilo foi quebrado**

O Connasel, consórcio que havia sido contratado para aplicar o Enem, será substituído, informam os repórteres **Renata Cafardo** e **Vannildo Mendes**. A decisão ainda não foi oficializada porque o Ministério da Educação busca soluções jurídicas para romper o contrato, por falha de segurança. O MEC não definiu se uma nova empresa ficará a cargo da organização do teste ou se o próprio Instituto Nacional de Estudos e Pesquisas Educacionais, responsável pela elaboração do Enem, fará esse trabalho. O exame, que seria realizado no fim de semana passado, foi cancelado na quinta porque seu sigilo foi quebrado, conforme revelou o **Estado**. Dois suspeitos já foram indiciados por participar da trama do vazamento. Um terceiro, que seria funcionário de uma das empresas do consórcio teria cuidado do exame, ainda não aparece. Depoimentos indicam que uma quarta pessoa possa estar envolvida. ● **PÁGS. A16 e A17**

### Data do exame sai nesta quarta

● A nova data do Enem e os detalhes sobre a organização da prova serão divulgados na quarta, segundo o ministro Fernando Haddad (Educação). Será preciso reimprimir mais de 4 milhões de cadernos de questões e enviá-los para cerca de 1.800 municípios. ● **PÁG. A16**

### ESPORTES

• Edição de 0h15

# O ESTADO DE S. PAULO

QUARTA-FEIRA

JULIO MESQUITA
(1891-1927)
DIRETOR:
RUY MESQUITA

SP, RJ, MG, PR e SC: R$ 2,50. Demais Estados: ver tabela na página A2.

7 de outubro de 2009 – ANO 130. Nº 42358   estadao.com.br

Reprodução

## Nova data definida para o Enem atrapalha vestibulares

**Marcada para 5 e 6 de dezembro, prova vai coincidir com outros exames**

O novo Exame Nacional do Ensino Médio (Enem) será feito nos dias 5 e 6 de dezembro. Com isso, o uso da nota em universidades públicas paulistas se torna difícil. O Enem não deverá contar pontos ao menos na primeira fase da Fuvest, que seleciona para a USP. A Unicamp já anunciou que deixará de adotar a nota por causa do adiamento do exame, causado pelo vazamento da prova, revelado pelo **Estado** na semana passada. Para USP, Unicamp e Unesp, o Enem equivale a até 20% da nota para a maioria dos alunos. Das federais cujo vestibular coincidirá com o Enem, a de Brasília mudou a data (12 e 13 de dezembro) e duas outras ainda não decidiram o que fazer. Com o adiamento do Enem, o Ministério da Educação prorrogou o prazo para alunos que quiserem mudar a cidade em que farão a prova. ● **PÁG. A15**

### Esquema do furto foi simples

●● A Polícia Federal concluiu que o furto das provas do Enem na gráfica responsável não exigiu nenhum esquema sofisticado. Um dos indiciados levou o exame na cueca; o outro, enrolou numa blusa. Nenhum dos dois foi revistado. ● **PÁG. A16**

### DEBATE ESTADÃO
### Candidatos a reitor querem desburocratizar gestão da USP

Em debate no auditório do Grupo Estado, ontem, os oito candidatos a reitor da USP mostraram consenso sobre a necessidade de uma gestão mais democrática e menos burocrática. Além disso, eles consideram necessário ampliar a representatividade do seu conjunto de professores, funcionários e estudantes, para torná-lo capaz de dialogar com a sociedade e influenciar na formulação de políticas públicas. ● **PÁGS. A18 e A19**

### Governo estuda mudar tributação sobre fundos

O governo estuda mudar a tributação dos fundos de investimento para torná-los mais atraentes. A ideia é que o Imposto de Renda sobre o rendimento incida só uma vez por ano. Hoje, é pago a cada semestre. Os fundos defendem mudanças por causa da concorrência da poupança – em setembro, a captação líquida das cadernetas foi de R$ 3,51 bilhões, segunda maior do ano. ● **PÁGS. B1 e B3**

### Nobel premia bases para o mundo digital da informação

O Nobel de Física premiou o sino-britânico Charles Kuen Kao, por seu trabalho com fibras ópticas, e os americanos Willard S. Boyle e George Smith, inventores de sensor que captura luz eletronicamente, criando a fotografia digital. Os trabalhos são da década de 60. ● **PÁG. A16**

○ OLIMPÍADA ○ ANÁLISES
**Roberto DaMatta**
### Ideal olímpico
... Estaremos atentos a essa transformação do Rio real num Rio olímpico, platônico, onde o belo e o bom corram juntos. ● **PÁG. D14**

**Marcos Sá Corrêa**
### Recorde verde
... A promessa é plantar 24 milhões de árvores no Rio. Parece demais. E tudo o que é demais, aqui, acaba sendo de menos. ● **PÁG. A20**

ISTAMBUL: PROTESTOS CONTRA O FMI

●●● Manifestantes tentam fugir de gás lacrimogêneo lançado por policiais durante protesto contra a assembleia conjunta do Fundo Monetário Internacional e do Banco Mundial em Istambul, na Turquia. Uma pessoa morreu e 100 foram presas. Na avaliação do FMI e do Bird, os países emergentes terão de continuar puxando a economia mundial, relata o enviado especial Rolf Kuntz. ● **PÁG. B9**

### MST saqueia fazenda em SP e derruba 7 mil pés de laranja

Integrantes do MST são acusados de roubar laranjas e equipamentos da Fazenda Santo Henrique, da Cutrale, em Borebi (SP). Os militantes, que invadiram a área em setembro, usaram tratores da empresa para destruir 7 mil pés de laranja. A Cutrale obteve liminar de reintegração de posse. ● **PÁG. A8**

'ESTADO' SOB CENSURA
HÁ 68 DIAS ● PÁG. A8

**CADERNO 2**
Pop no último
●● Vêm aí The Killers, Primal Scream, Pet Shop Boys e Franz Ferdinand (foto). ● **C2 e C3**

### Infância
**Prostituição para comprar celular**
●● Telefone é o item mais adquirido pelas meninas, mostra pesquisa. ● **PÁGS. C1 e C3**

### Minas Gerais
**Ladrão devolve cruz, 60 anos depois**
●● Igreja de Mariana recebeu peça pelo Correio, com pedido de perdão. ● **PÁG. C7**

### agrícola
●● Cortadores de cana trocam os facões pelas colheitadeiras computadorizadas.

---

NOTAS E INFORMAÇÕES
### A discussão que interessa já
●● O que precisa ser discutido são as ameaças contidas em medidas adotadas pelo governo, como o aumento dos vencimentos dos funcionários e dos benefícios previdenciários. ● **PÁG. A3**

Tempo: CAPITAL ● **PÁG. C2**
27° MÁX.  17° MÍN.
Tempo abafado e previsão de temporais em todas as áreas do Estado.

Hoje: 76 páginas
A. 1º caderno: 20 ●
B. Economia: 14 ● C. Metrópole: 12 ● D. Caderno2: 14 ● E. Esportes: 4 ●
G. Agrícola: 12
Classificados: 171 anúncios

# VIDA&

**Brasil cria programa de proteção a cavernas**
Entre os objetivos está aumentar o conhecimento científico e estimular o turismo **PÁG. A27**

**Candidato a reitor quer mais democracia na USP**
Francisco Miraglia, ex-presidente do sindicato dos docentes, critica centralização de poder **PÁG. A26**

## FRAUDE NO ENEM ○ Investigação

# PF indicia empresário e DJ por vazamento de prova do Enem

### Os 2 foram interrogados ontem em São Paulo; polícia procura terceiro homem suspeito de participar da fraude

**ENCONTRO** – Felipe Pradella (à esquerda) e o DJ Gregory Camillo de Oliveira Craid procuraram repórteres do Estado com a prova do Enem

**Sergio Pompeu**
**Renata Cafardo**
**Fausto Macedo**

A Polícia Federal indiciou ontem dois suspeitos de fraude no Exame Nacional do Ensino Médio (Enem): o empresário Luciano Rodrigues e o DJ Gregory Camillo de Oliveira Craid. A PF está convencida do envolvimento de ambos no furto do vazamento das provas. O exame foi cancelado na quinta-feira, depois que o Estado avisou o Ministério da Educação (MEC) que havia tido acesso ao caderno de questões.

Rodrigues e Gregory foram ouvidos à tarde na superintendência da PF em São Paulo e liberados. A polícia não vê necessidade de pedir a prisão dos dois. Gregory afirmou à PF que teria sido Felipe Pradella quem obteve os exames e os repassou a ele. O plano era vender os documentos "para repórteres" e "levantar um dinheiro".

Ainda não se sabe se Pradella é empregado do consórcio contratado para aplicação e logística do exame ou se coordenava o manuseio dos cadernos de questões. A gráfica afirmou em nota que foi consultada pela PF "sobre um dos investigados", que "nunca" fez parte de seu quadro. Disse não ter responsabilidade sobre equipes contratadas pelo consórcio.

A PF acredita que o escândalo levou ao adiamento do Enem pelo protagonismo por "um grupo amador". Depois de 72 horas de investigação, o inquérito está praticamente fechado, na avaliação da PF. Faltaria localizar Pradella.

A polícia quer saber se ele teria agido sozinho ou teve auxílio de alguém em posto mais graduado na equipe que atua no consórcio para que fossem acessados ao cofre onde os papéis estavam guardados. A PF pretende estabelecer se a segurança conseguiu a prova "no exercício do cargo" ou se a furtou com a cumplicidade de um superior.

Equipes policiais percorreram endereços dos investigados. Se até manhã ele não se apresentar, a PF vai requerer à Justiça Federal sua prisão e mandado de busca.

A PF tem impressa. A Presidência da República pediu uma reunião do secretário-geral, o PF acompanhado de seu advogado, Luiz Vicente Bezinelli.

### • QUEM É QUEM

**• Gregory Camillo de Oliveira Craid:** Tentou vender o Enem à reportagem do Estado e fez os contatos telefônicos. Conhecido DJ em casas noturnas, como Moon Disco e The Week, e organizava uma festa na Daslu para a elite de 30 anos e tinha comportamento mais truculento.

**• Luciano Rodrigues:** Publicitário e dono de uma pizzaria em Jardins. Tem 39 anos, grandes tatuagens no braço direito, cabeça raspada. Foi quem forneceu nomes de jornalistas e seu telefones para a dupla Kresse contato. Ele alega que não sabia que Gregory e Felipe pretendiam vender a prova do Enem. Diz apenas que viu um timbre oficial no material que um deles levou à pizzaria e acreditava estar somente contribuindo para um "furo jornalístico" ao indicar pessoas da imprensa.

**• Felipe Pradella:** Estava com Gregory no encontro com o Estado. Segundo o DJ, seria Felipe quem tirado da prova da gráfica, já que trabalharia em uma empresa contratada para supervisão processo. Ainda não foi localizado pela polícia. Aparenta ter 30 anos e tinha comportamento mais truculento.

digo de Processo Penal, que define crime de violação de sigilo funcional – revelar fato de que tem ciência em razão do cargo e que deva permanecer em sigilo. A pena prevista, em caso de condenação, é de 6 meses a 2 anos de detenção. Eles foram indiciados também no artigo 327, que consideram funcionários públicos, "para os efeitos penais", quem, embora de maneira transitória ou sem remuneração, exerce cargo, emprego ou função pública – nesse caso a pena será aumentada na terça parte.

Gregory disse à PF que, de posse das provas que teriam sido entregues por Pradella, procurou Rodrigues, seu amigo e dono de uma pizzaria nos Jardins. O encontro na pizzaria ocorreu na terça-feira à noite. Ele declarou estar desempregado e contou que Pradella e seu amigo "há mais ou menos 4 ou 5 anos, empinavam pipa e jogaram futebol" nas ruas de Osasco, Grande São Paulo.

"Esse amigo da gráfica sabia que eu tinha contato com a imprensa porque sou o DJ e conheço muitos repórteres", disse Gregory. Segundo a PF, ele admitiu que pretendia vender a apelação. Rodrigues afirmou que não sabia da venda dos documentos. Disse que pretendia apenas levar para a imprensa o que consideravam "um furo jornalístico de grande importância".

"O Luciano foi indiciado por divulgar documento público, não por ter participado do furto ou do vazamento", declarou o advogado Bezinelli. "Estou achando um absurdo o indiciamento. Na segunda-feira vou impetrar habeas corpus para trancar o inquérito contra ele."

### Após ser alertado pelo 'Estado', MEC decidiu cancelar o exame

Rodrigues e Gregory foram enquadrados no artigo 325 do Código de Processo Penal.

**• Mais informações nas págs. A24 e A26**

### ENTENDA OS FATOS
## Como a prova foi cancelada

**1 LIGAÇÃO**
O contato dos homens que queriam vender a prova foi na quarta-feira, às 15h30. Durante a tarde, houve quatro conversas por telefone. O encontro foi marcado para o início da noite em um café da zona oeste de São Paulo

**2 ENCONTRO**
A equipe do jornal chegou antes do horário marcado. Os dois homens apareceram com algum atraso

**3 MEMÓRIA**
A reportagem folheou a prova e decorou algumas questões. Os homens pediram R$ 500 mil pela prova, mas, como O Estado de S. Paulo não compra informação, a conversa terminou

**4 TELEFONEMA**
O jornal contactou o Ministério da Educação para comprovar se as questões memorizadas faziam parte da prova

**5 FRAUDE COMPROVADA**
Alertado pelo Estado, o ministro determinou a abertura do cofre onde estavam as 180 questões

**6 COLETIVA**
Na manhã de quinta-feira, o ministro anunciou publicamente o vazamento da prova. O Enem deve ser remarcado para a primeira quinzena de novembro. O prejuízo estimado é de R$ 33 milhões

○ COLABOROU LEANDRO COLON

**7 INVESTIGAÇÃO**
A Polícia Federal é acionada pelo ministério e inicia as investigações com foco na impressão e distribuição das provas. O Ministério da Educação cogita substituir o Consórcio Conassel, grupo responsável pela organização do Enem

INFOGRÁFICO/AE

---

Matéria exclusiva em 4 de outubro de 2009 sobre o indiciamento dos acusados do furto da prova do Enem, com fotos de Gregory Camillo e Felipe Pradella. À direita, ilustração de como se deu o cancelamento do Enem desde o primeiro contato com os repórteres do *Estadão*.

Em 5 de outubro de 2009, reportagem exclusiva mostrou quem era o DJ Gregory Camillo, um dos acusados de tentar vender a prova do Enem. Os jornalistas Sergio Pompeu e Fausto Macedo descobriram que Gregory continuou trabalhando como DJ numa boate do Itaim mesmo após o furto da prova.

# MEC exclui organizador do Enem

Após vazamento, governo avalia forma jurídica de romper o contrato com o consórcio que coordenou a prova

Na mesma edição, reportagem sobre a decisão do MEC de excluir o consórcio Connasel da aplicação do Enem, depois da fraude. O ministro da Educação, Fernando Haddad, veste roupa informal para trabalhar no domingo após o vazamento do Enem. A vestimenta ficou conhecida por ajudar a compor uma imagem de um gestor incansável em busca de soluções.

ter se encontrado conosco, mas disse que iria se apresentar à polícia porque vira na televisão que fui ameaçada.

— E não fui eu, jamais faria isso. Acho isso uma picaretagem tremenda. Porque não é da minha índole.

Com mais buscas na internet, Serginho e Martins encontraram a boate em que Gregory costumava trabalhar no Itaim, a Moon Disco. Serginho e Fausto foram para lá na madrugada de sexta para sábado. Encontraram adolescentes, provavelmente muitos candidatos do Enem cancelado. Gregory não estava mais.

À 1h30 da madrugada, o DJ falou com Serginho novamente e passou o telefone para quem ele chamou de seu advogado. Na verdade, era seu pai, Antônio José Craid, então diretor jurídico da Câmara Municipal de Vereadores de Barueri, na Grande São Paulo. "Ainda estou me inteirando do caso. Pelo visto, o Gregory teve uma participação pequena em tudo isso", afirmou. Parecia chorar ao telefone. "Estou muito triste, porque falo como advogado e como pai. Se ele errou, vai pagar por isso."

Toda essa apuração foi contada nas páginas de domingo do *Estadão* sob o título "DJ que tentou golpe do Enem manteve baladas". O texto começava com uma sacada original de Serginho. "O DJ que fez o Enem dançar estava no comando da pista de uma casa noturna quando o *Estado* o localizou na noite de sexta-feira, dois dias depois de ele ter tentado vender a prova."[*] A matéria deu nome e sobrenome de Gregory Camillo.

Além disso, no dia anterior, o Grupo Estado havia tomado uma importante decisão. Passaria a revelar informações sobre os envolvidos na tentativa de venda da prova. A mudança se deu depois da ameaça que recebi por telefone. Os homens com quem conversei deixaram de ser vistos como eventuais fontes jornalísticas pela

---

[*] Fausto Macedo, Sergio Pompeu, Renata Cafardo, Eduardo Reina, Rodrigo Martins e Evelson de Freitas, "DJ que tentou golpe do Enem manteve baladas". *O Estado de S. Paulo*, 4 out. 2009.

direção. Passaram a ser suspeitos não só do crime de tentativa de venda da prova, como também de extorsão, praticada contra a própria repórter. Naquele momento, ainda não se sabia como a prova fora parar nas mãos deles.

Ricardo Gandour então autorizou que o *Jornal da Tarde*, o segundo veículo da empresa, com viés mais popular, estampasse na capa a foto de um dos suspeitos que havia se encontrado conosco. A primeira página de sábado, dia 3 de outubro, trazia a manchete "Foi ele quem melou o Enem". A foto mostrava um homem de casaco amarelo, falando ao celular, na calçada do café.

O texto o identificava como Fabio, sem sobrenome algum. Era uma pista dada a Fausto Macedo por Luciano Rodrigues durante uma entrevista após a conversa com seu advogado. Rodrigues contou que Gregory, cliente antigo da pizzaria, havia chegado com um amigo, que trazia um envelope embaixo do braço. Disse apenas se lembrar de que o nome dele era Fabio. Segundo o relato, eles tinham ido à pizzaria pedir ajuda para Rodrigues contatar a imprensa. Ele contou que telefonou para o *Estadão* e a *Folha* naquela noite, mas que não tinha ideia da intenção dos dois de vender a prova. Imaginou que estaria apenas ajudando a divulgar o vazamento do Enem.

No *Estadão*, a mesma foto saiu mais tímida, ocupando apenas uma coluna, sem destaque. O jornal também publicou outra fotografia, do mesmo tamanho, em que aparecia Gregory Camillo, mas ainda sem o seu nome. As imagens foram fornecidas para a Polícia Federal no mesmo dia.

A decisão de publicar as fotos sem grande destaque me incomodou. Dava a impressão de que o jornal estava indeciso quanto à publicação. Era uma informação importantíssima, mas estava escondida na parte de baixo da página.

Ao lado, havia um texto também pequeno sobre as ameaças que recebi por telefone na noite anterior e o boletim de ocorrência que registrei na Polícia Civil. Também mencionava meu depoimento à Polícia Federal no dia anterior.

Ao deixar a sede da PF, naquela noite de sexta-feira, um dos investigadores me avisou que eu devia usar a porta lateral porque "a imprensa estava toda na porta principal". Estranhei o comentário. Eu sou a imprensa, pensei. Mas obedeci.

No térreo, um carro do Grupo de Operações Táticas (GOE) estacionou rente à tal porta lateral para que eu pudesse entrar sem que fosse abordada. Mesmo assim, o veículo foi cercado por câmeras de TV e colegas jornalistas, que esticavam bloquinhos e microfones em direção aos vidros negros e fechados. O carro arrancou, como procedimento padrão, sem que eu pudesse sequer mencionar se queria ou não contribuir com meus colegas.

Na casa do meu pai, a televisão estava ligada no *Jornal Nacional*, cujo maior destaque era, de novo, o caso do Enem. No fim da matéria, o apresentador William Bonner leu uma nota em que dizia: a repórter Renata Cafardo foi ameaçada por um dos homens que tentou vender a prova do Enem. Ela depôs hoje na Polícia Federal.

O telefone ao meu lado tocou imediatamente. Era minha avó paterna, Irma, então com 87 anos. "Rê, o que você fez? Acabei de ouvir seu nome na televisão."

## 14

## *A sala de manuseio*

Depois que o *Estadão* divulgou a história de Gregory Camillo e a foto do homem de jaqueta amarela, ambos se apresentaram à Polícia Federal. Descobri então que a outra pessoa que havia conhecido no café naquela noite era Felipe Pradella, um marceneiro desempregado de Osasco. Para não chamar a atenção dos jornalistas que estavam de plantão na sede da PF, ele e a advogada Claudete Pinheiro da Silva entraram na fila dos que estavam no local para tirar passaporte. Só lá dentro avisaram os agentes que pretendiam colaborar com as investigações sobre o roubo do Enem. Pradella havia sido contratado temporariamente pelo consórcio Connasel para conferir e empacotar as provas. Não se chamava Fabio, como havíamos noticiado.

Em seu depoimento, ele deu o nome de outros dois personagens da história: Filipe Ribeiro Barbosa e Marcelo Sena Freitas, ambos nascidos em Osasco. O motivo pelo qual os três amigos estavam dentro da gráfica Plural no fim de setembro de 2009 é crucial para entender o furto da prova.

A gráfica Plural foi criada em 1996 pelo Grupo Folha, proprietário do jornal *Folha de S.Paulo*, e pela americana Quad/Graphics, que tem 49% das ações. O parque gráfico, de 33.500 m², foi construído onde antes havia um campo de futebol, em Santana do Parnaíba, na Grande São Paulo.

Seu primeiro funcionário foi o administrador Carlos Jacomine, que trabalhava como gerente de suprimentos na *Folha* e foi deslocado para ajudar a colocar de pé a nova empreitada da empresa.

Jacomine não tem o temperamento esperado de um descendente de italianos. Com jeito tranquilo e fala mansa, lidera hoje uma equipe de novecentos funcionários no que se tornou uma das maiores gráficas da América Latina. Ele já era o diretor-geral da Plural em 2009, quando o desconhecido consórcio Connasel pediu um orçamento para a impressão de 9,7 milhões de provas.

O diretor da gráfica não foi informado sobre o tipo de exame que teria de produzir; ainda era algo sigiloso. Sem experiência com provas, fez um orçamento baseado em valores de mercado, de cerca de R$ 10 milhões. O Connasel também fez cotações de preço com outra gráfica, em Minas Gerais, mas a Plural pediu um valor mais baixo e tinha a vantagem de estar em São Paulo, o que facilitaria a logística de envio de provas para todo o Brasil.

No dia 7 de agosto de 2009, seis dias antes da assinatura do contrato entre o Inep e o Connasel, Jacomine foi comunicado pelo consórcio de que a Plural fora escolhida para o serviço. Foi então que ele conheceu a diretora do Connasel, Itana Marques Silva. Ela contou que o material que seria impresso se tratava do Exame Nacional do Ensino Médio, o Enem. O diretor ouvira falar da prova só pela imprensa, superficialmente. Não tinha ideia do que representavam as mudanças que estavam sendo programadas para aquele ano, nem sabia que o Enem havia se tornado um grande vestibular para vagas nas concorridas universidades federais.

O trabalho consistia em imprimir dois cadernos de questões. O primeiro tinha as perguntas de ciências da natureza e ciências humanas. No segundo estavam as perguntas de linguagens e de matemática, além da redação. Fora isso, havia quatro tipos de provas, com as mesmas questões, mas com uma ordem diferente, a fim de evitar colas.

A função da Plural era a de imprimir as provas, grampear a capa do Enem, organizar os cadernos conforme a data em que seriam aplicados (sábado ou domingo) e entregá-los ao Connasel em caixas de duzentos exemplares. Parecia um serviço simples, não muito diferente do que estavam acostumados a fazer na empresa.

O orçamento previa alguns itens de segurança pedidos pelo cliente, como câmeras, detectores de metal e homens armados. A gráfica ainda instalou um triturador industrial para eliminar sobras durante a produção. A diretora do consórcio avisou que seguranças dela ajudariam a vigiar os galpões da Plural.

Em 2009, a gráfica não tinha o certificado de conformidade com o sistema de segurança para impressão de documentos confidenciais, documento que garante que a empresa observa os requisitos da Associação Brasileira de Normas Técnicas (ABNT). No entanto, nem o contrato firmado entre Connasel e o MEC nem o edital do Enem exigiam esse documento.

O contrato número 27/2009, assinado em 13 de agosto de 2009 por Reynaldo Fernandes, presidente do Inep, e Itana Marques da Silva, em nome do consórcio Connasel, tinha recomendações gerais de segurança. Falava em "manter, sob rigorosos controle e sigilo, todos os dados, as informações e os documentos" e "entregar ao Inep o termo de sigilo original devidamente assinado, para cada pessoa envolvida em todas as etapas de execução deste projeto mesmo na situação de subcontratação".

O contrato também fazia referência ao item 20 do edital da concorrência do Enem, de 1º de junho de 2009, um pouco mais detalhado na questão da segurança. O texto dizia que a contratada precisava oferecer segurança armada e vigilância eletrônica no local de diagramação, impressão, armazenamento e empacotamento das provas. Tanto o edital como o contrato se referiam sempre às responsabilidades do consórcio e nunca da gráfica, que seria uma subcontratada do Connasel.

Segundo o contrato, o consórcio tinha cerca de dez atribuições com relação ao Enem, além da impressão das provas. Entre elas estavam a organização das inscrições dos candidatos, a correção das provas e a divulgação dos resultados. E a mais difícil: a logística de distribuição dos exames para aplicação em todo o país. O Enem seria realizado em 1.828 municípios brasileiros, ao mesmo tempo, no fim de semana dos dias 3 e 4 de outubro.

Jacomine não tratava com funcionários do Inep durante o processo de impressão, apesar de alguns deles terem feito visitas de inspeção na gráfica. Seu cliente era o Connasel.

Além da Plural, o Connasel decidiu também contratar outra gráfica para imprimir as capas das provas, a Fingerprint, em Barueri, na Grande São Paulo. As duas empresas estavam a 7 quilômetros de distância uma da outra, o que poderia ser um facilitador. Mas era um trabalho detalhado e demorado. Cada uma das capas tinha o nome do estudante e seu local de prova.

Segundo a previsão dada por Jacomine a Itana, a Plural imprimiria todo o material em quinze dias. Grampearia as capas e finalizaria o serviço no dia 9 de setembro, pouco menos de um mês antes da realização do Enem.

Mas a trajetória das provas do Enem dentro da Plural foi completamente diferente do que havia previsto o diretor. O Inep forneceu os arquivos com o conteúdo do exame e a impressão começou por volta do dia 25 de agosto. Tudo correu sem problemas. As rotativas foram operadas por seis funcionários da gráfica. Outros vinte eram responsáveis pelas máquinas que faziam o grampo da capa.

O trabalho era todo realizado pelo maquinário. Os funcionários da Plural nem mesmo encostavam nas provas. Depois de grampeadas as capas, o equipamento direcionava os exames diretamente para os estrados de madeira, chamados de *pallets*, onde eram lacrados.

As primeiras provas impressas, grampeadas e lacradas foram as de municípios mais distantes, em estados do Norte e do Nordeste. Depois de finalizadas na Plural, elas saíam para o Rio de Janeiro, seguindo o plano de logística do consórcio.

Uma das empresas que fazia parte do grupo, a FunRio, tinha um galpão destinado a esse serviço na capital fluminense. Lá, as caixas lacradas na gráfica eram abertas e as provas podiam ser organizadas conforme cidade, escola e sala de aplicação do exame. O material, então, era ensacado e lacrado novamente para transporte e distribuição.

Mas as capas que vinham da outra gráfica começaram a atrasar. A Plural imprimia as provas e não tinha como finalizar o serviço para que fossem enviadas ao Rio. Em quatorze dias, todos os cadernos de questões estavam impressos. O Enem então começou a ser estocado nos galpões da Plural, à espera das capas.

No dia 16 de setembro, faltando dezenove dias para a realização da prova, ainda não tinham chegado mais de 3,3 milhões de capas de alunos de São Paulo, Minas Gerais e Rio de Janeiro. Assim que o material chegasse, ainda seria preciso grampear as capas e enviar tudo para o centro de distribuição no Rio. Os responsáveis pelo Connasel concluíram então que não havia tempo para todo o processo que era feito no galpão carioca. Notaram que muitas das provas fariam uma mesma viagem duas vezes — iriam para o Rio e depois voltariam para os locais de exame, em São Paulo.

Itana Marques então apresentou uma ideia a Jacomine, que acabou mudando a história do Enem: pediu a ele para executar todo o processo de manuseio, que seria feito no Rio, dentro da gráfica em Santana do Parnaíba.

A empresa tinha um espaço ocioso no galpão, de cerca de 4 mil metros quadrados — que já tinha sido notado pela diretora do consórcio. Foi onde ela sugeriu que o trabalho prosseguisse, sem interferir nos outros serviços da gráfica.

Jacomine disse não. Sabia que o manuseio não era responsabilidade da Plural e que não havia segurança nessa área livre. O espaço era usado para guardar bobinas de papel e abrigaria no futuro uma nova rotativa que ainda não havia sido entregue. "Se você não ajudar, não vou conseguir aplicar o exame", disse Itana. Foi uma conversa tensa. Temendo não receber pelo serviço caso o Enem fosse prejudicado, Jacomine cedeu.

A gráfica então organizou um bloqueio simples, feito com papéis, para delimitar a área que seria usada pelo Connasel para manusear o Enem. O combinado era que o espaço fosse utilizado apenas por quatro dias. Uma condição imposta por Jacomine também foi determinante para o destino da prova: os funcionários da gráfica não participariam do trabalho.

Por isso, Itana precisou acionar uma empresa que busca pessoas para serviços imediatos, por meio de contratos temporários. Entre os selecionados estavam Felipe Pradella, Filipe Ribeiro Barbosa e Marcelo Sena Freitas.

Os três moravam no mesmo bairro, em Osasco, e se conheciam havia anos. Sena era ex-namorado de uma prima de Pradella e amigo de infância de Barbosa. Todos assinaram o termo de sigilo imposto pelo edital do Enem, que falava da "importância do trabalho a ser desenvolvido" e do "dever ético de manter, sob rigoroso sigilo, todos os dados, assuntos, registros e informações pertinentes aos produtos elaborados ou manuseados e a todos os seus insumos".

O novo espaço não atendia a nenhuma das exigências de segurança pedidas pelo contrato e pelo edital do Enem. Não havia câmeras, detectores de metal, nem monitoramento dos funcionários que entravam e saíam. Itana apenas garantiu que ficaria responsável pela segurança no local.

Em um dos dias de trabalho, Jacomine e Itana observavam os funcionários na sala de manuseio. "Está vendo aquele ali?", mostrou Itana. "É um policial à paisana." Ela apontara para Felipe Pradella, sentado em uma cadeira. Pradella nunca foi policial.

Os cerca de quarenta funcionários chamados emergencialmente pelo Connasel trabalharam dia e noite naquele fim de setembro na sala de manuseio. Uma lista com os nomes desses trabalhadores terceirizados ficava na portaria da Plural, para que fossem autorizados a entrar. Podiam, inclusive, parar seus carros no estacionamento da gráfica.

Pradella, Ribeiro e Sena tinham a função de conferir as provas e organizá-las para a distribuição. Pradella não demorou a perceber que lidava com algo importante.

Entre os dias 16 e 21 de setembro, a Fingerprint entregou na Plural mais de 2,8 milhões de capas. Esse material precisava rapidamente ser despachado para os locais de prova. A quantidade de exames que passava pelas mãos dos funcionários era gigantesca. Pradella passou a comentar com colegas sobre o valor do material que estava diante deles. Nas conversas, falou com mais de um deles sobre a possibilidade de ganhar dinheiro com a venda de uma prova do Enem. Acabou convencendo alguns.

Na madrugada do dia 19 de setembro, a pedido de Pradella, Ribeiro levantou o *pallet* de madeira que cobria os exames e pegou o primeiro caderno de questões. Escondeu os papéis dentro das calças, saiu do galpão da gráfica e guardou a prova no carro de um amigo que também trabalhava no local, Rafael Aparecido de Oliveira. O veículo estava no estacionamento da Plural e, em poucos minutos, Ribeiro pôde voltar ao seu posto de trabalho.

O primeiro furto foi da prova de número 1, de ciências da natureza e ciências humanas. Na noite de 21 de setembro, foi Pradella quem pegou o caderno 2 no estoque e colocou dentro de uma blusa de Sena, que havia sido deixada oportunamente no local para esconder a prova.

Sena tomava um café fora da sala. Quando voltou, Pradella o avisou que o Enem já estava sob a blusa. Ele então levou a blusa com a prova também até o carro de Rafael Oliveira.

Imagens de câmeras instaladas do lado de fora da sala mostram Pradella com um papel na mão e Sena saindo com a blusa do local. Elas foram divulgadas no programa *Fantástico*, da TV Globo, no domingo seguinte à nossa matéria no *Estadão*.

Uma semana depois, em entrevista ao repórter Valmir Salaro, *do Fantástico*, Pradella disse que o papel que aparece em suas mãos nas imagens é apenas uma lista de conferência. Ele também afirmou que não pediu dinheiro pelo Enem e que sua intenção era denunciar a fragilidade do exame.

Mesmo depois de a prova já ter sido furtada da gráfica, surgiu mais uma complicação. Em 24 de setembro de 2009, a onze dias de o exame ser aplicado, sem saber obviamente o que havia acontecido na gráfica, os jornais noticiaram que estudantes teriam de fazer os exames em locais muito distantes das suas casas.

A matéria do *Estadão* informava que uma aluna de São Paulo demoraria duas horas para chegar à escola que lhe havia sido determinada para realizar o Enem. O local ficava a 43 quilômetros da casa da aluna. Um pai reclamava que teria de levar a filha da Vila Mariana, na Zona Sul de São Paulo, para o Jardim Ângela, num percurso de 50 quilômetros.*

O trabalho de logística de distribuição dos candidatos em seus locais de prova também era de responsabilidade do Connasel, mas precisava ser aprovado pelo Inep. Os alunos informavam em suas inscrições onde moravam e esperavam fazer o Enem na escola pública mais próxima, como era de praxe em outros anos e em vestibulares tradicionais.

Mas 2009 foi o ano da pandemia da gripe H1N1, com relatos de milhares de casos e centenas de mortes em mais de 120 países. No Brasil, a doença chegou em maio daquele ano. A primeira vítima fatal foi um caminhoneiro do Rio Grande do Sul, em junho. Na época em que o Enem estava sendo impresso, o Brasil já tinha mais de 45 mil casos confirmados da doença.

Para tentar barrar a propagação da gripe durante o inverno, o então secretário estadual de Educação de São Paulo, o ex-ministro Paulo Renato Souza, prorrogou as férias de julho até o dia 17 de agosto. E determinou que, na volta às aulas, as reposições dos dias perdidos seriam feitas aos sábados e domingos.

---

* Simone Iwasso e Mariana Mandelli, "Candidatos reclamam da distância até o local do Enem". *O Estado de S. Paulo*, 24 set. 2009.

Por causa disso, em outubro, quando aconteceria o Enem, muitas das escolas estaduais de São Paulo não poderiam ceder seus espaços ao consórcio que aplicaria a prova. O Enem seria feito no primeiro fim de semana daquele mês.

Com a falta de espaço nas escolas, as opções de locais para se aplicar o exame ficaram mais escassas e o Connasel acabou alocando candidatos em lugares muito distantes, em faculdades e escolas privadas. A confusão estava instalada.

A imprensa toda estava falando sobre isso. O Inep admitiu nos jornais que houve erros de logística do consórcio e que não foi levado em conta o endereço dos estudantes, informado na ficha de inscrição, na hora de designar um local de prova.

As notícias fizeram paralisar a impressão das já atrasadas capas. Inep e Connasel não se entendiam e não sabiam o que fazer para resolver o problema. Mas, como o processo já estava muito atrasado, acabaram decidindo que não havia mais tempo para mudanças.

Segundo o item i da cláusula quinta do contrato assinado entre Inep e Connasel, a impressão deveria ter sido finalizada dez dias antes da aplicação do exame, ou seja, no dia 23 de setembro. Mas o último lote de capas, com 400 mil unidades, chegou à Plural em 25 de setembro. Eram todas de alunos que fariam a prova na cidade de São Paulo. Precisavam ainda ser grampeadas, ensacadas, encaixotadas.

Pradella, Ribeiro e Sena, porém, estavam alheios a essa última confusão. Eles faltaram ao trabalho nos dias 25 e 26 de setembro alegando cansaço. A investigação policial concluiu que eles usaram o tempo livre para planejar o que fazer com o material furtado.

Pradella é o filho mais novo de uma família de classe média baixa de Osasco. Os três irmãos — Felipe, Tiago e Fábio — ajudavam o pai numa loja de móveis planejados. Com a prova em mãos, ele decidiu procurar outro amigo, o DJ Gregory Camillo. Sabia que ele conhecia muita gente e podia ajudá-lo na tarefa de negociar o Enem. Fã de música eletrônica, Gregory ganhava a vida tocando em festas e casas noturnas de São Paulo.

Gregory, o mais velho de quatro irmãos, morava com a mãe em um sobrado de classe média numa vila de Osasco. Estudava direito no Centro Universitário Fieo (UniFieo), uma universidade privada da região. Apesar da distância, frequentava a Donna Pizzaria e Restaurante, nos Jardins, cujo proprietário era Luciano Rodrigues. Gregory sabia que o publicitário havia trabalhado no Grupo Estado. Quando Pradella o procurou, Gregory logo se lembrou de Rodrigues.

Então, em 29 de setembro, dia em que Pradella completava 32 anos, ele e o amigo Gregory mostraram a Rodrigues os cadernos de questões do Enem na pizzaria. Nessa mesma noite, o trabalho era enfim finalizado na gráfica Plural. Faltavam quatro dias para o exame ser aplicado.

Em seguida, as redações começaram a receber ligações de Rodrigues. Em seus depoimentos à Justiça, nenhum dos cinco acusados — Gregory, Pradella, Rodrigues, Sena e Ribeiro — explicou exatamente como surgiu a ideia de vender o Enem justamente para a imprensa. Mas, durante nossa conversa no café, um dos dois chegou a mencionar que havia sido orientado por um suposto advogado, que lhes contou que jornalistas seriam obrigados a manter o sigilo da fonte e assim não revelariam os autores da venda. A manutenção do sigilo, no entanto, é um direito do jornalista, não uma obrigação.

## 15

## *Os avisos*

A primeira pista de que algo não ia bem nas impressões do Enem que ocorriam na gráfica Plural apareceu no fim de agosto de 2009.

Na tarde do dia 19, um mês e dois dias antes de o primeiro caderno de questões ser furtado, funcionários do Inep foram a São Paulo para uma inspeção na gráfica. Heliton Ribeiro Tavares, diretor de Avaliação da Educação Básica do Inep, fazia parte do grupo. A visita teve a presença também da diretora do Connasel, Itana Marques.

A impressão das provas começaria em poucos dias. A intenção era conhecer o local e verificar os procedimentos de segurança que seriam usados para o trabalho. Seis funcionários da Diretoria de Avaliação da Educação Básica (Daeb) andaram pelos galpões da gráfica e checaram itens exigidos no contrato.

Não saíram satisfeitos com o que viram. Para comunicar oficialmente suas impressões, escreveram notas técnicas.

Segundo definição do Ministério da Justiça, nota técnica "é um documento elaborado por técnicos especializados em determinado assunto e difere do parecer pela análise completa de todo o contexto, devendo conter histórico e fundamento legal, baseados em informações relevantes. É emitida quando identificada a necessidade de fundamentação formal ou informação específica da área responsável pela matéria e oferece alternativas para tomada de decisão".

A primeira nota, datada do dia 24 de agosto, dizia "que os procedimentos adotados não eram suficientes para garantir o sigilo da prova". O documento detalhava: "A equipe observou que não havia câmeras em lugares estratégicos, como na sala de pré-impressão, onde o material digitalizado foi manipulado; na picotadora dos cadernos de testes de impressão [...]; no galpão de armazenamento das provas."

Os funcionários do Inep também notaram que não havia pessoal suficiente para fazer ronda e fiscalizar o movimento na gráfica. Além disso, a conexão com a internet e o uso de celulares ainda estavam ativos quando se começou a manipular os materiais. Ambientes off-line eram também uma exigência do contrato.

A nota finalizava dizendo que "a separação entre o pessoal que estava trabalhando na manipulação do material e o pessoal da gráfica que estava exercendo outras atividades se fez apenas por faixas plásticas".

Por meio do texto, os servidores pediam que o Connasel tomasse providências. Entre elas, a desconexão com a internet e a ampliação do número de pessoas para fazer ronda e fiscalizar o movimento perto das máquinas e no setor de armazenamento.

Os funcionários do Inep também se preocuparam especialmente com a segurança do caderno de linguagens e códigos e suas tecnologias, que continha a prova de redação. Pediram que houvesse maior vigilância para impedir que quem estivesse trabalhando próximo a esses cadernos lesse o tema da redação. Essa era uma maneira muito fácil de fraudar o Enem, imaginavam. "Uma rápida leitura da contracapa do referido caderno é o bastante para se ter conhecimento da proposta de 2009", dizia o texto.

A nota era finalizada com um pedido crucial: que houvesse um acompanhamento rigoroso dos trabalhos pelo Inep dali em diante. "A equipe que esteve presente [...] recomenda que outros servidores façam, até o término de toda a impressão das provas em São Paulo, a supervisão dos trabalhos, em regime de revezamento, para garantir maior segurança de todo o processo."

Apesar dessa recomendação, os servidores do Inep voltaram apenas mais uma vez para inspecionar a gráfica. Entre os dias 25 e 28 de agosto, menos de um mês antes de as provas serem furtadas, dois funcionários do Inep fizeram nova supervisão na Plural. A impressão já havia começado.

Mais uma vez, a conclusão não foi boa. A segunda nota técnica teve impressões muito parecidas com as da primeira. Datada de 31 de agosto, ela dizia o seguinte: "Os procedimentos de segurança adotados foram observados como insuficientes para garantir o sigilo da prova e continuam merecendo maior atenção do consórcio responsável."

Quase dez dias depois da primeira visita, faltavam ainda "câmeras em lugares estratégicos, deixando pontos cegos em demasia, como o local de armazenamento das provas, na picotadora e ao longo das máquinas de encadernação e impressão".

Apesar de a polícia ter conseguido identificar uma imagem que mostra Pradella com um papel nas mãos, não há registro do momento exato em que ele se apropria da avaliação. A sala de manuseio, onde ele trabalhava, não tinha um sistema de monitoramento por imagens. A câmera que acabou filmando Pradella com o papel estava em outra sala.

A segunda nota técnica também chamou a atenção para outra questão importante na segurança da prova. "Já na portaria, os seguranças identificam os entrantes como relacionados a atividades do Enem." No entendimento dos funcionários do Inep, como os trabalhos feitos naqueles meses na gráfica eram sigilosos, isso não deveria ser do conhecimento de todos que trabalhavam na empresa. Quanto menos gente soubesse que o Enem estava sendo impresso ali, melhor.

A nova nota afirmou que continuava o mesmo problema em relação à separação do pessoal que manipulava o Enem e que trabalhava em outras atividades da Plural. Havia apenas faixas plásticas como limite de segurança.

E, novamente, os últimos técnicos do Inep que foram à Plural pediram que "fosse continuada a supervisão dos trabalhos".

Heliton Tavares participou da primeira visita e leu as duas notas técnicas. Não voltou à Plural. Não pediu que nenhum servidor voltasse à Plural. Os trabalhos continuaram por quase um mês ainda, praticamente.

O presidente do Inep, Reynaldo Fernandes, não soube da existência de nenhuma das duas notas técnicas. O ministro Fernando Haddad também não. São formalidades que, em geral, não chegam aos altos cargos. Os servidores registram oficialmente os problemas para evitar que sejam responsabilizados depois. Os destinatários são seus superiores imediatos.

Tavares tinha uma carga de trabalho intensa naqueles últimos meses pré-Enem. O cronograma era apertado. A equipe toda da Daeb também se desdobrava, trabalhando 14 horas por dia, inclusive aos fins de semana.

Além do novo Enem, o mesmo grupo cuidava de outras provas realizadas pelo Inep, como a Prova Brasil, que seria feita por mais de 5 milhões de alunos. Para eventuais novas visitas, o diretor da Daeb teria de deslocar para São Paulo alguém dessa mesma equipe.

Em sua defesa ao Tribunal de Contas da União, que julgou as responsabilidades no caso, Tavares disse que a nova equipe da Daeb era inexperiente. E que o Inep havia perdido muitos especialistas naquele ano — funcionários "altamente qualificados" que prestavam serviços por meio de convênios com o Programa das Nações Unidas para o Desenvolvimento (PNUD).

Tudo isso, continua sua justificativa, tornou "inviável o controle *in loco* mais intenso e rigoroso nas atividades de segurança e logística". No entanto, para ele, tudo estava sob controle. As atividades da gráfica estavam sendo monitoradas a distância, sustenta em sua defesa.

Entre os servidores da Daeb, a opinião era diferente. O conteúdo das notas técnicas se tornou conhecido, quando os colegas voltaram de São Paulo após as visitas à gráfica. Nas rodas de conversas, eles passaram a comentar sobre a falta de segurança.

Depois de ler as notas técnicas, Tavares disse que pediu mudanças na segurança da Plural a Itana Marques por telefone.

Nessas ligações, ele afirma que requisitou que fossem colocadas câmeras nos pontos cegos. Também teria pedido que houvesse mais rigor na fiscalização das máquinas e no setor de armazenamento, controle dos nomes dos profissionais envolvidos no trabalho e que todos os trabalhadores assinassem um termo de sigilo.

Não há nenhum registro oficial de que esses pedidos foram feitos a Itana. Tavares não os fez por escrito. Ninguém do Inep também apareceu na Plural para checar se eles tinham sido cumpridos. Tavares acreditava que "os meios tecnológicos disponibilizados para uma operação dessa envergadura permitem que o acompanhamento e a supervisão ocorram de forma mais dinâmica".

O que aconteceu na verdade foi que o consórcio mexeu muito pouco na estrutura que havia em agosto, quando os últimos técnicos do Inep passaram pela Plural. E, em setembro, ainda organizou uma nova sala de manuseio, onde o furto da prova acabou acontecendo. Acompanhando tudo de Brasília, apenas por telefone, o Inep nem sequer ficou sabendo da existência do ambiente criado por Itana e Jacomine para separar e empacotar as provas.

Se os servidores tivessem voltado à Plural para acompanhar os trabalhos, como pediram as notas técnicas, poderiam ter informado Heliton do que estava acontecendo, no fim de setembro, na gráfica que imprimia o Enem. O Inep saberia que havia novos funcionários, terceirizados, em uma sala improvisada de manuseio, e com um esquema de segurança ainda pior do que havia na área em que o exame foi impresso.

# 16

## *Camisa polo preta*

"Às vezes, acho que sonhei isso tudo, que a prova não foi cancelada", disse-me Fernando Haddad em 28 de outubro, exatos 27 dias depois da notícia sobre vazamento do Enem.

Na noite em que soube que seu projeto para acabar com o vestibular no país havia sido colocado em risco, o então ministro dormiu das 3 horas às 7 horas. Achou melhor não avisar ao presidente Lula, que estava em Copenhague, na Dinamarca, para participar da cerimônia de escolha da sede das Olimpíadas de 2016. Um dia depois de o exame ter sido cancelado, Lula apareceria na TV aos prantos, feliz e emocionado com a escolha do Rio. O ministro da Educação conversou apenas com Tarso Genro, então titular da pasta da Justiça, que colocou a Polícia Federal à disposição.

Haddad e Lula se encontraram quando o presidente voltou de Copenhague em uma reunião de ministros da área social, em que a pauta eram os resultados da Pesquisa Nacional por Amostras de Domicílios (PNAD), do IBGE. E foi só aí que falaram sobre o Enem fraudado. Lula, em tom de brincadeira, perguntou se o ministro precisava da ajuda do Exército, da Marinha e da Aeronáutica. "Preciso dos três e ainda da Polícia Federal, dos Correios, da Polícia Rodoviária, de tudo." O presidente então chamou um assessor que pudesse atender ao pedido do ministro da Educação prontamente, mas disse que tinha apenas uma queixa. A de que ele deveria ter feito um pronunciamento em rede nacional.

O presidente estava mal informado. No mesmo dia em que foi anunciado o cancelamento da prova, Haddad fez um pronunciamento de pouco mais de um minuto às 20 horas em rede de rádio e TV. "Nas primeiras horas da manhã de hoje, fomos informados por um jornal de grande circulação de que a prova impressa do Enem havia sido furtada e oferecida para publicação naquele jornal. Da descrição da jornalista que teve acesso àquele material, pudemos identificar fortes indícios de que o material era autêntico", dizia o ministro, aparentando tranquilidade. Era nítido que Haddad não havia decorado o texto do pronunciamento. Ele lia palavras escritas com o cuidado de quem quer demonstrar uma situação sob controle. "Felizmente, a descoberta do furto se deu antes da utilização da prova, o que nos permitiu adiá-la sem os transtornos que a sua anulação após a realização do exame acarretaria", continuava. No fim, convidava "os estudantes a aproveitar o tempo e aprimorar seus estudos" e avisava que o MEC estava "trabalhando para minimizar os efeitos do atraso".

A postura de Fernando Haddad desde o primeiro momento em que o vazamento do Enem se tornou público foi crucial para seu futuro político. Em vez de ser visto como um gestor ineficiente, o ministro conseguiu se transformar em vítima da fraude.

Na primeira coletiva que deu sobre o assunto, Haddad elogiou várias vezes a minha atitude como jornalista de avisar ao MEC sobre a prova vazada. O fato de o governo ter descoberto a fraude antes de o exame ter sido aplicado favoreceu muito a reorganização do Enem e o trabalho do ministério, isso é incontestável. E, por isso, Haddad tinha motivos genuínos para agradecer que não tivéssemos agido com má-fé e retido a informação para divulgá-la só depois que o exame tivesse sido realizado.

O impacto para o Enem (principalmente financeiro) e para os estudantes (psicológico) seria muito maior. Mas, durante a apuração do caso, ou mesmo depois, isso nunca passou pela minha cabeça. Essa maneira de agir também nem sequer foi considerada por qualquer jornalista do *Estadão* que participou do caso. Não para ajudar o MEC. Nossos objetivos eram informar rapidamente a sociedade e garantir a exclusividade da informação.

Ao procurar o ministro, eu estava apenas cumprindo meu papel como repórter, indo atrás da única fonte que poderia confirmar que o material que eu tinha visto era, de fato, o Enem. Só assim poderia ter uma informação correta, segura, e publicar uma matéria com o impacto que teve.

Mas o discurso de Haddad, naquele momento, colocou o MEC como parceiro da imprensa. A ideia era de que tínhamos os mesmos objetivos, jornalistas e governo: denunciar os criminosos, mostrar as falhas cometidas, descobrir os culpados. Em suas declarações, o ministro pedia a ajuda da imprensa — e especialmente do *Estadão* — para identificar os suspeitos do vazamento.

A estratégia deu certo. A imagem do ministro foi preservada. Boa parte da opinião pública acabou elegendo três grandes vilões no roubo do Enem: o grupo criminoso que furtou a prova; o consórcio Connasel, tachado como ineficiente e inexperiente; e a gráfica Plural, vista como despreparada para imprimir um exame daquela envergadura.

No domingo seguinte ao cancelamento do Enem, quando deveria estar sendo realizada a prova furtada, o ministro foi trabalhar com uma camiseta polo preta, calça jeans e tênis branco. A roupa informal passava a impressão de um gestor incansável, que dava expediente aos fins de semana.

Na porta do MEC, concedeu entrevistas às dezenas de jornalistas de plantão. Sua imagem apareceu no *Fantástico*, um dos programas de maior audiência do país. Haddad recebeu e-mails de amigas, parabenizando-o pela roupa escolhida. Estava bonito, bem-vestido e "parecia um superstar", diziam as mensagens.

Haddad também teve a solidariedade de políticos, até de partidos rivais. O então secretário municipal de Educação de São Paulo,

Alexandre Schneider, ligou oferecendo ajuda e dizendo que, se necessário, sairia a público para defendê-lo e defender o Enem. Schneider fazia parte da prefeitura de Gilberto Kassab, do DEM, partido de oposição.

O escândalo que poderia derrubar um ministro causou o oposto a Haddad. Em 2012, três anos depois, ele foi escolhido prefeito de São Paulo numa eleição surpreendente. Em julho do mesmo ano, tinha apenas 7% das intenções de voto; José Serra estava com 30% e Celso Russomano, 26%. Haddad acabou tirando Russomano do segundo turno e ganhando as eleições de Serra, com 55%. A campanha, com participação de Luiz Inácio Lula da Silva e Dilma Rousseff, o chamava de "um homem novo, para um novo tempo". Os adversários tentaram usar o Enem vazado como prova de incompetência durante seu período no ministério. Mas não colou.

"Estou aqui por sua causa", me disse durante uma conversa informal em seu gabinete na prefeitura, na tarde fria de 29 de junho de 2016. Ante a minha reação de completa incompreensão, respondeu: "Se você não tivesse me avisado naquele dia do vazamento da prova, deixado para fazer isso só depois do exame realizado, tudo seria diferente e eu teria caído. E eu nunca seria prefeito."

No mesmo ano, meu pai, Pedro Cafardo, esteve também na prefeitura para fazer uma entrevista com Haddad para o *Valor Econômico*. Eles haviam se conhecido naquele dia. No fim do encontro, ao mostrar sua sala de trabalho, o prefeito perguntou sobre mim. "Devo minha vida a ela", disse. Meu pai ficou orgulhoso e desconcertado. Não estendeu a conversa, mas entendeu seu significado. Era novamente uma declaração exagerada e generosa, sem dúvida. E agradaria ao entrevistador, o que poderia fazer com que conseguisse uma matéria favorável. Mas demonstrava mais uma vez como a condução do escândalo do Enem repercutiu em sua carreira, e a consciência que Haddad tinha disso.

Apesar da eleição empolgante, Haddad enfrentou dificuldades durante todo o seu período na prefeitura. Não conseguiu cumprir algumas de suas promessas de campanha, como ampliar as vagas em creches da cidade, um problema crônico. E boa parte da população não abraçou suas maiores bandeiras, como a redução da velocidade nas vias públicas, as ciclovias e ciclofaixas, a construção de corredores de ônibus. Ao mesmo tempo, um grupo menor festejava o que chamavam de uma nova São Paulo criada por Haddad. Aberta à população, mais bonita, mais integrada, mais bem ocupada. Sua crescente impopularidade — somada aos escândalos de corrupção envolvendo o PT — acabou fazendo com que perdesse a reeleição no primeiro turno, em 2016, para João Dória. Teve apenas 16% dos votos. Seus inconformados simpatizantes organizaram um evento na avenida Paulista — que, por decisão de Haddad, passou a ser fechada aos carros aos domingos e aberta ao lazer — para se despedir e agradecer ao prefeito. Ao discursar, pediu que os paulistanos resistissem às ideias do seu sucessor de "privatizar a cidade e tirá-la do povo". E ouviu emocionado o coro de "Haddad presidente".

Quando prefeito, falava com saudosismo dos tempos no MEC. "Fui o melhor ministro da Educação que este país já teve", disse-me na mesma conversa em seu gabinete, prestes a começar a campanha para a reeleição. Um de seus maiores orgulhos como ex-ministro é o de ter refeito com rapidez e eficiência o Enem de 2009, depois do vazamento. Ele gosta de contar o que sua irmã costuma dizer sobre o episódio. "Fernando, você não consegue organizar nem um jantar para quatro pessoas em sessenta dias, mas você fez o novo Enem." A prova que seria nos dias 3 e 4 de outubro foi cancelada no dia 1º. Alguns dias depois, o MEC anunciou as novas datas do exame, 5 e 6 de dezembro.

Esse processo mostrou que a postura de Haddad pós-vazamento não foi só essencial para seu futuro político. O respeito que ele havia conquistado por causa de uma gestão elogiada na educação — algo que ia além do Partido dos Trabalhadores — também foi crucial para a sobrevivência do Enem. Depois da fraude, a prova passou a ser pensada na chamada sala de situação, localizada bem ao lado do gabinete do então secretário executivo do MEC, José Henrique Paim. Assim que acordou no dia 1º de outubro, Haddad pediu a seu homem de confiança que assumisse essa coordenação. Paim montou lousa com tarefas, chamou gente de várias áreas, designou funções.

O economista gaúcho, indicação de Tarso Genro para a secretaria executiva do MEC, era até então presidente do Fundo Nacional do Desenvolvimento à Educação (FNDE), órgão ligado ao ministério que cuida principalmente da escolha e compra de livros didáticos para escolas de todo o país. Antes disso, ocupara cargos em secretarias de governos no Rio Grande do Sul. A química dos dois funcionou desde o começo. Haddad era um formulador e Paim tratava de implementar as ideias.

A ele, Haddad explicou que era preciso haver um "espírito público de retomada, unindo todas as forças nacionais". O essencial era deixar bem claro que a sobrevivência do Enem estava em jogo, e também a existência do Sistema de Seleção Unificada (Sisu). Totalmente inovador, o Sisu permitiria o preenchimento das vagas das universidades federais por meio do exame do MEC e não mais por vestibulares próprios. Só com a nota do Enem, o estudante do Ceará, por exemplo, poderia concorrer a uma vaga em São Paulo e vice-versa. Todo o processo seria feito pela internet.

Paim foi adiante para colocar em prática o pedido do chefe.

Na sexta-feira, dia seguinte à nossa reportagem, munidos apenas das informações que estavam no *Estadão* — não se sabia sequer como e onde a prova havia vazado — ele, Reynaldo e outros integrantes do Ministério da Educação se reuniram com responsáveis pelo Connasel. O encontro durou o dia todo. Itana Marques, a diretora do consórcio, foi questionada sobre sua capacidade para retomar o exame.

Naquele momento, Paim não tinha nenhuma informação sobre as notas técnicas enviadas por servidores do Inep a respeito das condições de segurança da gráfica. Mesmo assim, a própria Itana e seus colegas acabaram admitindo ao fim do dia que não teriam condições de refazer a prova. Ao sair do encontro, ela apenas declarou à imprensa que o vazamento era "um caso de polícia" e que "todos os critérios de segurança foram executados". O MEC ainda não havia anunciado nenhuma decisão operacional.

Dois dias depois, naquele mesmo domingo da camisa polo preta, Haddad estava decidido que queria o Enem de volta às mãos das entidades acostumadas a fazer a prova, Cesgranrio e Cespe. Era a única forma de ter um exame seguro, em tão pouco tempo.

Eu e Nunzio também estávamos trabalhando no fim de semana. Ele me ligou durante a tarde e avisou que o MEC queria o Connasel fora do novo exame. A notícia foi manchete do *Estadão* da segunda-feira, dia 5 de outubro, com o título "Vazamento faz MEC substituir consórcio do Enem". No mesmo dia em que a reportagem foi publicada, o ministério rompeu definitivamente contrato com o Connasel.

O próximo e decisivo passo seria convencer Cesgranrio e Cespe a se unir ao MEC emergencialmente. Haddad ligou para Carlos Alberto Serpa, presidente da Cesgranrio, e para o reitor da Universidade de Brasília (UnB), Roberto Ramos de Aguiar, um jurista ligado a Cristovam Buarque e Benedita da Silva. A Cespe é um órgão da UnB. Aguiar enviou o então presidente da Cespe, Joaquim José Soares Neto, para reunir-se com a equipe do MEC. Serpa também estava presente. A reunião não foi fácil no início. Um assessor técnico da Cesgranrio achava arriscado demais assumir um exame tão grande, tão visado, em tão pouco tempo. Mais uma vez, Paim e a equipe do MEC deixaram claro que o Enem poderia acabar ali se eles não estivessem dispostos a colaborar.

De alguma maneira, no fim, todos foram convencidos a reerguer o Enem. E assinaram um contrato de emergência. Como a Cespe já era contratada pelo MEC para fazer os itens do Enem, ficou incumbida de elaborar uma nova prova. Havia questões a mais, que não tinham sido usadas.

Mas, para o exame substituto, o Inep decidiu não mais usar as questões pré-testadas. O pré-teste havia sido realizado em julho pela Consultec, que fazia parte do consórcio Connasel. O Inep temia que pudesse ter havido problemas de segurança durante o pré-teste também. Reynaldo e equipe optaram pela segurança em detrimento da qualidade da prova. Foram então escolhidas questões elaboradas pela Cespe, sem nenhuma testagem. A avaliação do que seria mais fácil ou mais difícil, essencial para a TRI, foi feita internamente, na Daeb, e às pressas.

Não havia também quantidade suficiente para se escolherem apenas os melhores itens. Há consenso — dentro e fora do Inep — de que a prova anulada tinha questões melhores que a sua substituta. A prova efetivamente feita pelos estudantes foi considerada conteudista, com questões pouco contextualizadas, fora dos padrões que o Enem queria instituir. Já o exame vazado foi avaliado por professores como elaborado adequadamente e com questões que exigiam bastante interpretação de texto.

Mas, até se envolverem novamente no processo de reconstrução do Enem, a equipe da Daeb se sentia devastada com a notícia do vazamento da prova. Alexandre André Santos soube do cancelamento do Enem enquanto tomava o café da manhã com a mulher, em casa, na manhã de 1º de outubro. O jornal matinal da TV Globo, *Bom Dia Brasil*, mostrava informações da nossa matéria publicada pelo *Estadão*. Ele assistia, chocado. Havia trabalhado duro, mas em vão. "O dia vai ser longo", disse à mulher, antes de sair de casa.

Ao chegar ao Inep, silêncio. Seus colegas servidores estavam diante da televisão ou lendo jornais, na tentativa de compreender o que havia acontecido. A equipe não sabia no que trabalhar. Seus superiores não davam nenhuma explicação, nem mesmo estavam na sala. Foi quando surgiu umas das chefes da equipe, a então coordenadora do Sistema de Avaliação Básica (Saeb), Luiza Uema. Uma rodinha se formou em volta dela. "Estamos ainda investigando", foi tudo o que disse. E saiu.

A equipe da Daeb tinha tanta expectativa quanto o resto do país. Nos primeiros dias, foram sabendo pela imprensa o desenrolar do escândalo do Enem. No *Estadão*, a cobertura diária sobre o assunto durou mais de quinze dias seguidos. A direção do jornal tinha a preocupação de deixar claro em todas as matérias de que não havia pagado para obter a informação de que o Enem havia sido vazado. Todas as reportagens sobre o caso lembravam que o *Estadão* havia revelado a fraude e enfatizavam que não houvera pagamento.

A concorrente *Folha de S.Paulo* citava também o *Estadão* em suas matérias e incluía: "O jornal diz que não pagou nada." Em matéria do dia 3 de outubro, que mencionava o contato dos dois homens comigo, havia também a seguinte frase: "Por razões éticas, jornais como a *Folha* não compram informação."* O então diretor de conteúdo do *Estadão*, Ricardo Gandour, não gostava da forma como a concorrente tratava a questão. Achava que levantava dúvidas sobre a nossa conduta e, por isso, insistia que não nos esquecêssemos de mencionar em nossas matérias que nada pagamos pela informação.

Além das questões que envolviam o crime da tentativa de venda da prova, muitas das matérias focavam no futuro do estudante. A nova data do exame impossibilitaria que muitas universidades utilizassem a nota do Enem em seus vestibulares. A Fuvest, que faz as provas para ingresso na Universidade de São Paulo (USP), anunciou que não havia tempo hábil para contabilizar as notas no Enem de 2009, já que ele seria feito apenas em dezembro. Seu vestibular era aplicado em novembro. Desde 1999, as notas do exame do MEC podiam aumentar em cerca de 20% o resultado da Fuvest.

Até 2008, o Enem era feito em agosto. Assim, o MEC tinha meses antes dos grandes vestibulares para corrigir as provas e repassar as notas para as instituições que usavam o resultado em seus concursos. Em 2009, por causa da mudança, ele havia sido transferido para outubro, o que já complicava o processo. A possibilidade de a prova ser apenas em dezembro, no mesmo mês em que eram realizados os vestibulares, tornou inviável a utilização da nota. Em São

---

* Mario Cesar Carvalho, "'Não sei o paradeiro deles', diz empresário". *Folha de S.Paulo*, 3 out. 2009.

Paulo, o problema acontecia também na Universidade Estadual de Campinas (Unicamp) e na Pontifícia Universidade Católica (PUC).

A estudante Carla Hidalgo tinha completado 17 anos em 29 de setembro de 2009. Dois dias depois, a quinta-feira começou estranha em sua sala do Colégio Etapa, na Vila Mariana, Zona Sul de São Paulo. Havia uma agitação entre os alunos e Carla ainda não tinha identificado o porquê. Ela havia saído de casa sem ler jornais ou acessar a internet. O professor então entrou na sala e, em vez de começar a aula, disse que tinha um anúncio importante a fazer. O Enem não mais seria realizado naquele fim de semana, como todos esperavam. A prova tinha sido vazada. Era tudo que o colégio sabia até então.

Carla havia se preparado o ano todo para a nova prova do Ministério da Educação. A cada quinze dias, os sábados e domingos da estudante eram ocupados por simulados para o Enem. A participação era obrigatória e valia nota no Etapa.

A estudante estava frustrada com o que parecia ter sido um trabalho perdido. O sentimento piorou quando soube que a Fuvest não mais usaria a nota do Enem. Seu grande objetivo era cursar administração na USP ou na Fundação Getulio Vargas, que também não considerava a prova do MEC. Depois de treinar o ano todo para o exame, Carla rasgou o cartão de inscrição do Enem que chegou na sua casa, indicando onde faria a prova que seria aplicada em dezembro. Apesar de treinar por um ano inteiro, a hoje administradora formada pela FGV nunca fez uma prova do Enem.

Apesar de o MEC ter conseguido a tal "união nacional", a prova substituta do Enem 2009 não foi um sucesso. No dia 5 de dezembro, primeiro dia de exame, os jornais já noticiavam que ele tinha perdido credibilidade por causa da fraude. A matéria principal do *Estadão* tinha o título "Enfraquecido, Enem começa hoje"* e previa

---

\* Renata Cafardo, "Enfraquecido, Enem começa hoje". *O Estado de S. Paulo*, 5 dez. 2009.

grande abstenção. Uma estudante dizia que o vazamento mostrou que o MEC não estava "levando tanto a sério" o Enem como eles, os candidatos.

A desconfiança continuou quando, no domingo, o Inep divulgou um gabarito errado do Enem. Os funcionários do instituto se confundiram com as listas de respostas da prova. Eram oito, no total, porque havia quatro tipos de cadernos de questões, com as mesmas perguntas, mas com a ordem diferente. Só por volta das 21h30 do domingo, quando os gabaritos já estavam no site do Inep havia mais de uma hora, o erro foi percebido. A primeira edição do *Estadão* já havia sido impressa com o resultado errado. A divulgação oficial do gabarito foi então suspensa e prometida para o dia seguinte. Pela manhã, Reynaldo Fernandes checou pessoalmente as listas antes que fossem novamente divulgadas.

A imprensa também dava grande destaque ao fato de que 1,5 milhão dos 4,1 milhões de estudantes inscritos, de fato, faltaram ao Enem 2009. O índice foi de 37,7%, um recorde (a média geral ficava em torno de 20% normalmente). Em São Paulo, quase metade dos candidatos não fez a prova. Com a desistência de muitas universidades estaduais e particulares de aceitarem a nota do Exame, não viam mais razões para participar.

Os que não abriram mão de fazer o Enem foram aqueles interessados nas vagas das universidades federais. As instituições — que aderiram ao projeto do MEC de um novo vestibular nacional e atrelaram seus vestibulares à prova ou mesmo deixaram de fazer exames próprios por causa do novo Enem — tiveram de adaptar seus calendários. Os resultados seriam divulgados apenas em 5 de fevereiro, perto do início das aulas.

"Foi um fiasco",[*] era o título de uma matéria do *Estadão* sobre o Enem, no dia 8 de dezembro. Professores de cursinhos classifica-

---

[*] Mariana Mandelli, "Foi um fiasco, diz professor de cursinho". *O Estado de S. Paulo*, 8 dez. 2009.

vam a organização do exame de amadora. "Deixou uma mancha na educação brasileira", afirmava a coordenadora do Objetivo, Vera Lúcia da Costa Antunes. Havia também reclamações sobre o conteúdo das questões. Uma delas usava um texto do próprio governo federal sobre um de seus programas.

Pouco mais de dez dias depois, eu soube que Reynaldo entregaria sua carta de demissão ao ministro Fernando Haddad. O blog que eu mantinha no *Estadão* deu a notícia. Reynaldo e Haddad vinham conversando durante os dez dias que sucederam o exame. O ministro preferia manter o presidente e demitir o segundo escalão do Inep.

Reynaldo, no entanto, estava infeliz. Depois do vazamento, assumira como missão fazer o exame substituto de maneira impecável. Só isso garantiria sua continuidade no cargo. Mas houve problemas com gabarito, alta abstenção e questionamento sobre a qualidade das questões. A pressão na imprensa, que mostrava intensamente a falta de credibilidade no exame, incomodava Reynaldo. Um editorial do *Estadão* do dia 9 de dezembro contribuiu para sua decisão.

"O triste saldo do Enem"* era o título do texto, também destacado na primeira página do jornal. O argumento principal era que a abstenção recorde havia sido um "desdobramento natural da sucessão de equívocos que as autoridades educacionais cometeram a partir do momento em que tentaram converter esse importante mecanismo de avaliação em bandeira política com vistas às eleições de 2010". Essa teria sido a razão para o exame ter sido mudado às pressas. "Desde o início, houve falhas gritantes de infraestrutura [...]", continuava o editorial, mencionando as dificuldades no sistema de inscrições e dos locais de prova.

O roubo do exame também era obviamente lembrado, mas o texto dedicava mais espaço a problemas no teste substituto. "Quando se imaginava que todos os problemas para a realização do Enem 2009 estavam resolvidos, surgiram outros. Um deles foi a elaboração de

---

* "O triste saldo do Enem". *O Estado de S. Paulo*, 9 dez. 2009.

questões com nítido viés político e ideológico, que acabaram sendo anuladas. Outro problema foi a elaboração de perguntas confusas e com erros conceituais, que também tiveram de ser anuladas." O editorial concluía dizendo que não havia "racionalidade administrativa no MEC" e que seria um desafio enorme recuperar a credibilidade no exame.

Funcionários do Inep choraram ao ler a carta de despedida do presidente. "Nenhum problema por nós enfrentado nesses últimos quatro anos se compara, em termos de gravidade, ao furto da prova do Enem." E continuava dizendo que o ambiente de trabalho no Inep havia se deteriorado muito. Não só Reynaldo, a equipe toda se sentia desmotivada e responsabilizada pela sociedade pelo que ocorreu. Heliton Ribeiro Tavares e o coordenador-geral de exames do Inep, Dorivan Ferreira Gomes, também deixaram seus cargos alguns dias depois.

# 17

## *Condenados*

Eu também pedi demissão no fim de 2009. Logo após o furo do Enem, fui convidada para ser repórter do *Fantástico*. O chefe da redação de São Paulo, Álvaro Pereira Junior, já me conhecia havia alguns anos. Meu nome havia sido indicado a ele por Marco Uchôa, um brilhante ex-repórter de *O Estado de S. Paulo* que se saiu muito bem ao trocar o jornalismo impresso pela TV. Foi para a Globo nos anos 1990 e lá fez matérias premiadas, como a que revelou o "Dossiê Cayman", conjunto de documentos falsos que atribuíam a políticos do PSDB milhões de dólares depositados em contas no Caribe. Uchôa também ganhou o prêmio Jabuti com o livro *Crack, o caminho das pedras*.

Nós nos conhecemos em um almoço na casa do casal de jornalistas Sandra Annenberg e Ernesto Paglia, também da Globo, no começo de 2005. Uchôa lutava contra um tumor maligno ósseo, mas se sentia bem naquele dia. Passou grande parte do tempo sentado em um banco de madeira, conversando comigo sobre jornalismo e as diferenças entre o trabalho em um jornal e em uma emissora de TV. Dias depois, conseguiu meu telefone celular com alguém no *Estadão*.

Na conversa, disse achar que eu deveria também experimentar o jornalismo televisivo e pediu minha autorização para indicar meu nome a Álvaro, seu chefe no *Fantástico*. Concordei. Trabalhar na TV era um sonho de criança que deixara no passado — eu costumava imitar repórteres e apresentadores em vídeos caseiros. Mas, depois de me formar jornalista, descobri minha paixão pelo jornal impresso.

Minha primeira experiência profissional foi um estágio com o colunista Elio Gaspari. Eu o ajudava em sua coluna, publicada na *Folha de S.Paulo* e em *O Globo*, coletando informações. Como eu me sentava numa mesinha dentro da mesma sala, meu maior aprendizado foi escutar suas conversas com fontes ao telefone. Estávamos em 1997 e, mais de uma vez, eu o ouvi questionar com inteligência e irreverência o então presidente Fernando Henrique Cardoso.

No ano seguinte, fui estagiária na Band, onde ganhava cerca de R$ 150 por mês para trabalhar como produtora e editar escaladas dos telejornais — a parte inicial que apresenta as matérias que estarão no jornal no dia. Eu adorava participar da rotina dos telejornais diários, observava com atenção repórteres e apresentadores, imaginava como faria as matérias se estivesse no lugar deles. Acompanhei de perto a intensa cobertura sobre os assassinatos de mulheres em série no Parque do Estado, em São Paulo, cometidos por Francisco de Assis Pereira, que ficou conhecido como Maníaco do Parque. Eu me sentia importante mesmo com funções mais simples, como a de informar a temperatura ambiente para o apresentador José Paulo de Andrade, prestes a entrar no ar.

Empolgada pela experiência na Band, quando me formei, no fim de 1998, resolvi estudar Broadcast em Nova York. Lá, ainda consegui — por indicação de um amigo de uma amiga — um estágio de três meses, não remunerado, como produtora no escritório da TV Globo.

Ao voltar ao Brasil, no começo do ano 2000, no entanto, acabei me afastando da televisão. O jornal onde meu pai havia trabalhado por doze anos como editor de economia e editor-chefe, o *Estadão*, me ofereceu uma vaga de repórter. Foi meu primeiro emprego como jornalista contratada. Ao longo dos anos no jornal, passei a acreditar que, para se fazer jornalismo de qualidade, era preciso aprofundar a especialização em uma área de atuação, o que não parecia ser possível na TV.

Depois da apresentação de Uchôa, eu e Álvaro trocamos e-mails sobre uma vaga na produção do *Fantástico*, mas a negociação não foi adiante. Uchôa morreu em novembro de 2005, alguns meses depois de nos apresentar, aos 36 anos, vítima do câncer.

Em 2006, surgiu uma vaga na edição do *Fantástico* no Rio e Álvaro me indicou. Viajei até lá, conversei com a direção do programa, mas acabei recusando o convite. Estava prestes a embarcar para mais uma temporada de estudos nos Estados Unidos.

Na mesma semana em que publiquei a matéria sobre o furo do Enem, Álvaro me procurou novamente. Assim que as coisas se acalmaram, aceitei o convite para um almoço. Ele fez uma proposta irrecusável. E, no fim de 2009, desci os elevadores do *Estadão* pela última vez. Um grupo de amigos me acompanhava. Me despedi aos prantos. Deixava para trás uma história feliz de dez anos para aceitar o desafio de me tornar repórter do *Fantástico*. Uchôa, infelizmente, nunca soube o resultado da semente que plantou.

Minha mudança de emprego foi usada na estratégia de defesa dos acusados pelo furto da prova do Enem. Em 18 agosto de 2010, fui chamada a ser testemunha de acusação pelo Ministério Público Federal e dei meu depoimento em uma audiência no Fórum de Justiça Federal, em São Paulo.

Fui informada de que os advogados não poderiam entrar comigo na audiência. O profissional do *Estadão* designado para me acompanhar teve de ficar na sala de espera. Sozinha, entrei com as pernas tremendo. A sala de audiência era pequena. A um metro de onde fui instruída a me sentar estavam Felipe Pradella, Gregory Camillo e os outros três acusados, que eu nunca tinha encontrado. Gregory fez um sinal com a cabeça, como se me cumprimentasse. De tão assustada, só olhei para ele mais uma única vez, quando o juiz me pediu que apontasse os homens com quem eu havia estado naquele dia no café. Indiquei os dois.

Na mesa em que me sentei havia seis advogados. Os que defendiam os cinco réus e um representante do Consórcio Connasel, que atuava como assistente da acusação.

O juiz me pediu que começasse contando tudo o que eu tinha presenciado, da maneira mais detalhada possível. Em seguida, os advogados começaram a me fazer perguntas. Apenas o representante de Gregory não falou comigo. O advogado do consórcio quis saber detalhes da prova que eu tivera em mãos. Perguntou se os papéis eram coloridos. Eu não me lembrava. Se tinha timbres do Ministério da Educação, do Inep. Respondi que sim. Era o que mais tinha feito com que eu acreditasse que o material era verdadeiro. Em um dos cantos das páginas estava escrito Connasel, contei. Sabia o nome do consórcio que aplicaria a prova e o reconheci. Ele então questionou se a prova que eu vi não poderia se tratar de um pré-teste do Enem. Eu tinha certeza que não.

Mas o que mais me impressionou durante a audiência foi a postura da advogada Claudete Pinheiro da Silva, que defendia Felipe Pradella.

Ela tremia. Apesar de estar sentada a menos de um metro de onde eu estava, não olhou nenhuma vez para mim enquanto me questionava. Suas perguntas feitas a mim eram direcionadas ao juiz. Mais tarde, soube que esse é um procedimento comum, mas me pareceu estranho. Claudete havia trabalhado no Ministério Público de Barueri, cidade vizinha a Osasco, onde morava a família de Pradella. Também havia atuado como criminalista. A família buscou referências na Ordem dos Advogados do Brasil (OAB) quando o escândalo estourou e acabou tendo a indicação do nome de Claudete. "A testemunha conhece o código de ética de jornalismo?" Essa foi uma de suas primeiras perguntas. "Não", respondi. Eu sabia de meus compromissos éticos, mas nunca havia lido um código específico. A advogada pareceu admirada. "Não? Quantos anos tem de profissão?" "Doze", respondi. "Conheço códigos de ética das empresas em que trabalho e trabalhei", completei. "Doze anos de profissão e não conhece o código de ética", comentou Claudete. Os réus e outros presentes balbuciaram expressões de surpresa. Me senti desconfortável. Ingenuamente, não tinha imaginado que seria questionada daquela maneira. Não tive qualquer preparação para a audiência, não houve orientação de advogados.

Ela continuava a tremer enquanto procurava algo em suas anotações. "Por que a testemunha disse que não estava gravando a conversa se, na verdade, estava?", perguntou, por fim. Ela se referia ao encontro no Fran's Café. Respondi que, se dissesse que os gravava, os dois homens não teriam conversado comigo. Eu estava sendo questionada sobre por que menti. Ela ainda perguntou a razão de eu ter entregado a gravação para a polícia. O juiz indeferiu a pergunta e não precisei responder.

A postura da advogada durante a audiência e suas declarações me fizeram entender que a estratégia da defesa de Felipe Pradella era tentar convencer o juiz de que seu cliente havia atuado como fonte jornalística no caso da fraude do Enem. Dessa maneira, eu teria cometido erros, como revelar minha fonte e entregar a gravação da nossa conversa à polícia. O que talvez ela desconhecesse é que a preservação da fonte é uma prerrogativa do jornalista, não da fonte. É um direito garantido ao profissional pela Constituição Brasileira, no artigo 5º, inciso XIV. O texto é bem claro: "É assegurado a todos o acesso à informação e resguardado o sigilo da fonte, quando necessário ao exercício profissional."

Mesmo assim, eu não considerava Felipe Pradella uma fonte. Apesar de a direção do *Estadão* ter cogitado essa possibilidade no primeiro dia do caso — e apenas nesse primeiro dia —, nunca tive a mesma opinião. A relação de um jornalista com uma fonte é uma relação de confiança. A fonte passa informações, sob sigilo, porque confia no trabalho do jornalista. E vice-versa. O jornalista confia na veracidade das informações prestadas ou tem meios de checar se elas são verdadeiras.

Há muitos casos em que a fonte divulga uma informação específica porque acredita que será beneficiada com isso — por exemplo, quando revela algum bastidor de uma negociação política em cuja questão está diretamente envolvida. A fonte pode também fazer uma denúncia que não tenha relação alguma com ela mesma. Em qualquer caso, o objetivo é que o jornalista divulgue a informação repassada, por meio de uma matéria.

A principal razão de Pradella ao me contatar era vender o material que tinha conseguido de maneira ilícita, as sigilosas provas do Enem. Só depois de pagar a quantia pedida, no seu entender, eu poderia fazer uma matéria. Apesar de haver rumores sobre eventuais pagamentos por entrevistas em alguns veículos brasileiros, jornalistas sérios não dão dinheiro em troca de informação, em nenhuma hipótese. Comprar informações ou entrevistas é uma prática abominada por mim e pelo *Estadão*.

Além disso, fui ameaçada por Pradella depois que a matéria foi publicada, mais uma atitude que revela que ele não agia como uma fonte jornalística. Não havia, obviamente, relação alguma de confiança entre nós. No dia seguinte à publicação da reportagem, ele me ligou, condenou minha atitude de ter revelado a informação e pediu mais dinheiro.

Para a defesa de Pradella, eu não teria agido com ética ao revelar minha suposta fonte. Mas, na verdade, era Pradella que me pedia que ignorasse a ética ao exigir que eu lhe pagasse em troca de informações.

As duas últimas perguntas de Claudete Pinheiro da Silva durante a audiência já tinham uma resposta presumida. "A testemunha obteve alguma vantagem com essa reportagem? A testemunha ainda trabalha no jornal *O Estado de S. Paulo*?"

Sua intenção era dizer ao juiz que o furo do Enem havia feito com que eu conseguisse um emprego melhor. De fato, o convite para ser repórter da TV Globo veio após a matéria. Mas, obviamente, esse não foi meu objetivo ao publicar o material. Eu me senti ofendida. Abri a boca para responder, mas o juiz, mais uma vez, indeferiu as perguntas.

O processo sobre o caso do Enem é o de número 0013379-55.2009.403.6181 na Justiça Federal. A denúncia do Ministério Público Federal foi aceita pelo juiz em 28 de abril de 2010. Tornaram-se então réus do processo Felipe Pradella, Gregory Camillo, Marcelo

Sena Freitas, Filipe Ribeiro Barbosa e Luciano Rodrigues. O caso foi julgado em primeira instância e a sentença foi dada pelo juiz Márcio Rached Millani, em agosto de 2011, condenando quatro dos cinco envolvidos no caso, por corrupção passiva e violação de sigilo funcional. O dono da pizzaria Luciano Rodrigues foi absolvido.

Como houve recurso tanto da defesa quanto do Ministério Público Federal (que queria uma condenação maior), o processo foi encaminhado para o Tribunal Regional Federal. Depois da decisão em primeira instância, foi colocado em sigilo. Ou seja, jornalistas e público em geral só podem consultar as decisões do juiz. Há descrição das penas, mas as justificativas não estão disponíveis. Por causa do sigilo, a Justiça também não pôde responder a meus pedidos de confirmação de informações sobre o processo, como datas, nomes ou argumentações. Nenhum dos procuradores que atuaram no caso também pôde conversar comigo. Durante mais de um ano, tentei descobrir a razão pela qual o processo foi tornado sigiloso em segunda instância e concluí que essa informação também é sigilosa.

Em maio de 2017, o processo ainda não havia sido julgado em segunda instância. A única informação pública é de que a sua localização atual é o gabinete do desembargador federal Wilson Zauhy.

Como o processo não esteve sempre em sigilo, no entanto, encontrei informações importantes em pesquisas na internet. Por exemplo, um dos argumentos principais da defesa de Felipe Pradella foi que gravei a conversa que tivemos no café, no dia 30 de setembro, de forma ilícita. Meu erro, segundo a defesa de Pradella e de outros réus no processo, teria sido o de omitir a gravação. Essa argumentação também pôde ser notada pelas perguntas que sua advogada me fez durante a audiência.

No processo, as defesas de Gregory Camillo e de Marcelo Sena Freitas apontaram "a ilicitude da gravação realizada pela jornalista Renata Cafardo, pois viola o artigo 5º, LVI, da Constituição Federal".[*]

---

[*] Processo nº 0013379–55.2009.403.6181. Justiça Federal (fls. 1364/1381).

O artigo mencionado fala dos direitos e deveres individuais e coletivos. O inciso LVI diz que "são inadmissíveis, no processo, as provas obtidas por meios ilícitos".

A defesa de Pradella chega a dizer que todas as provas do processo devem ser desconsideradas por causa da gravação que fiz sem autorização. "A gravação feita pelos jornalistas nulifica todas as provas produzidas posteriormente, pois são delas decorrentes", diz a argumentação da defesa de Felipe Pradella.*

Nas justificativas da sentença, o juiz faz suas considerações sobre a "nulidade da gravação realizada". E vai contra os argumentos dos réus. Para ele, apesar de eu ter ligado meus gravadores durante a conversa sem informar Pradella e Gregory, a "gravação foi irrelevante para as investigações". Isso porque "a jornalista reproduziu o teor de seu encontro com os réus quando intimada pela Polícia Federal. Por consequência, eliminada a gravação, ainda restaria seu depoimento [...]. Tal depoimento, ocorrido em 2 de outubro de 2009, e não a gravação, é que forneceu elementos importantes para o procedimento investigatório".

Para corroborar sua opinião, o juiz ainda lembra que a transcrição da minha gravação foi feita apenas no dia 13 de outubro, "data em que as investigações já estavam praticamente finalizadas". De fato, apesar de eu ter dito em meu depoimento que gravei o encontro, a Polícia Federal demorou alguns dias para me pedir que entregasse as fitas. Lembro-me de vê-las guardadas na minha gaveta de trabalho e me questionar quando seriam incorporadas à investigação.

Depois de expor seus argumentos, o juiz encerra a discussão sobre a questão. "A gravação, diga-se, nada acrescenta ao depoimento prestado à autoridade policial, depoimento sobre o qual não há qualquer mácula ou dúvida acerca de sua validade. [...] Em razão do exposto, não há qualquer nulidade no procedimento."

---

* Processo nº 0013379-55.2009.403.6181. Justiça Federal (fls. 1480/1509).

Como o Ministério Público Federal acusa os réus do crime de violação de sigilo funcional, suas defesas se esforçaram para argumentar que eles não eram funcionários públicos porque nunca haviam feito concurso para tal. No entanto, a alegação do MPF é que, ao trabalharem para o consórcio contratado pelo MEC, eles passaram a ser considerados "funcionários públicos por equiparação", como diz claramente o art. 327 do Código Penal.* Além disso, os homens que trabalhavam na gráfica — com exceção de Luciano Rodrigues e Gregory Camillo — assinaram um documento em que se comprometiam a manter sigilo sobre o material que manipulavam.

Em sua justificativa da sentença, o juiz concorda com o MPF. "Não há dúvidas, como já ressaltado, de que se tratava de atividade típica da administração pública. O compromisso de sigilo assinado pelos réus é de clareza meridiana, não deixando espaços para questionamentos. Mesmo o mais desavisado dos indivíduos, em uma leitura ainda que desatenta do documento, chegaria à conclusão de que o trabalho estaria relacionado à atividade governamental."

Como Rodrigues e Gregory não trabalhavam na gráfica e não assinaram o documento, foram absolvidos do crime de violação de sigilo funcional. "A comunicação posterior do segredo por terceiro não caracteriza o delito pelo simples fato de que ele, por não ser funcionário público, não teve ciência desse fato em decorrência do cargo."

O juiz dá uma explicação interessante para justificar sua decisão. "Para a consumação do crime não basta, portanto, a revelação do fato, mas é necessário que o fato revelado tenha sido obtido em razão do cargo público. Solução contrária levaria à responsabilização de quaisquer terceiros — inclusive jornalistas — que revelassem o fato, o que não encontra amparo na legislação em comento."

---

* Código Penal. Art. 327, § 1º — Equipara-se a funcionário público quem exerce cargo, emprego ou função em entidade paraestatal, e quem trabalha para empresa prestadora de serviço contratada ou conveniada para a execução de atividade típica da Administração Pública (incluído pela Lei nº 9.983, de 2000).

Com relação a Felipe Pradella, Filipe Ribeiro e Marcelo Sena Freitas, a posição do juiz é diferente. Para ele, "foi fartamente demonstrado nos autos que os três réus subtraíram as provas do exame do Enem". Isso acontece mesmo sem a confissão de Pradella. Em sua defesa, o acusado insiste que "não há qualquer prova que demonstre ter o réu subtraído a prova do Enem".

Já Sena confirmou à polícia ter levado a prova — que, segundo ele, havia sido furtada por Pradella — para ser escondida no carro de um amigo, estacionado na gráfica. E Ribeiro também confessou ter subtraído e entregue uma das provas a Pradella, a seu pedido.

Pradella, segundo a sentença, "cometeu o delito de violação de sigilo por três vezes" ao mostrar as provas primeiro para Gregory e Rodrigues na pizzaria, e então para mim e para o jornalista do R7, Rafael Sampaio. Sena e Ribeiro foram considerados coautores do delito porque, apesar de não terem participado dos encontros, concordaram que eles acontecessem.

Gregory, Pradella, Sena e Ribeiro foram condenados ainda por corrupção passiva, crime também atribuído ao funcionário público. O art. 317 do Código Penal diz que será punido quem solicitar ou receber vantagem indevida.* Apesar de Gregory não ter trabalhado na impressão do Enem, nesse caso, segundo o juiz, a condição de funcionário público "é de se comunicar ao coautor (particular), desde que ciente da condição funcional do autor". Gregory foi considerado o coautor e Pradella, o autor.

Para o juiz, não há dúvidas de que os quatro pretendiam ganhar dinheiro com a venda do Enem, o que caracteriza a vantagem indevida mencionada no artigo sobre a corrupção. As provas são depoimentos dos jornalistas com quem eles entraram em contato.

---

* Código Penal. Art. 317 do Decreto-Lei nº 2.848 de 7 de dezembro de 1940. Art. 317 — Solicitar ou receber, para si ou para outrem, direta ou indiretamente, ainda que fora da função ou antes de assumi-la, mas em razão dela, vantagem indevida, ou aceitar promessa de tal vantagem: Pena — reclusão, de 2 (dois) a 12 (doze) anos, e multa. (Redação dada pela Lei nº 10.763, de 12 de novembro de 2003.)

Todos disseram que a dupla Pradella e Gregory pediu R$ 500 mil em troca do material. Há também depoimentos de outros funcionários que trabalharam na gráfica indicando a intenção de Pradella de negociar o exame.

Na opinião do juiz, o Ministério Público Federal não conseguiu provar que Luciano Rodrigues cometeu algum crime. Segundo depoimentos de três jornalistas que trabalhavam na *Folha de S.Paulo* na época do caso, e que tiveram contato com ele, Rodrigues só passou a informação de que conhecidos seus estavam com a prova do Enem. "Não há, todavia, a menor evidência de que teria algum proveito com essa aproximação, não há o menor indício de que a ele seria destinada alguma parcela dos valores solicitados por Pradella e Gregory [...]."

Outra absolvição foi pelo crime de extorsão. Na noite do dia 1º de outubro recebi a ligação de um dos dois homens com quem havia me encontrado. Imaginei ser Pradella, mas ele não se identificou. A pessoa ao telefone parecia transtornada e pediu R$ 10 mil antes de desligar.

Alguns dias depois de fazer um boletim de ocorrência sobre a ameaça na Polícia Civil, fui chamada na sede da Polícia Federal para uma conversa. O delegado responsável pelo caso do Enem, Marcelo Sabadin Balthazar, foi quem me recebeu. Ele me contou que a investigação revelara uma ligação de um telefone público perto da casa da namorada de Pradella para o meu celular, no mesmo horário da ameaça.

Pradella sempre negou ter me ligado naquela noite e pedido mais dinheiro. O juiz Rached Millani, no entanto, não se fixou em dizer se a ligação ocorreu ou não. Para ele, o crime não aconteceu porque "para que se tipifique o delito de extorsão, mister é que o meio coativo utilizado pelo agente (violência física ou moral) seja de tal intensidade que sobrevenha à vítima um constrangimento, levando-a a fazer, tolerar ou omitir alguma coisa. Como a jornalista não realizou ou omitiu a suposta conduta exigida pelo agente —

[nem] sequer considerou tal hipótese — não se pode condenar o réu por esse delito". Ou seja, para o juiz, como eu já havia publicado a matéria e continuei a fazer outras a respeito, não fui impedida de nada e, por isso, não se configura extorsão.

Anos depois daquela ligação, eu ainda tive medo dos homens que participaram do crime do Enem, especialmente de Pradella. Recebi proteção policial por alguns dias após minha matéria. Depois disso, o *Estadão* contratou seguranças privados, mas eu mesma dispensei os serviços para voltar a ter liberdade. Durante muito tempo foi difícil não me lembrar do Enem sempre que um carro qualquer ou uma moto se aproximava de mim na rua.

A sentença dada em 9 de agosto de 2011 fixou uma pena de cinco anos e três meses de reclusão e multa a Felipe Pradella por violação de sigilo funcional e corrupção passiva, que poderia ser cumprida em regime semiaberto, a maior condenação entre os cinco réus. Ele foi considerado como o que teve a "atuação mais relevante nos fatos".

Gregory Camillo Craid foi condenado a dois anos e quatro meses de reclusão e multa por corrupção passiva, em regime aberto, com prestação de serviços à comunidade.

Filipe Ribeiro Barbosa e Marcelo Sena Freitas tiveram pena de quatro anos e seis meses de reclusão e multa por violação de sigilo funcional e corrupção passiva, em regime semiaberto.

Ao determinar as condenações, o juiz ainda citou "o incalculável sofrimento a que foram submetidos todos os alunos que iriam participar do exame".

Nenhum deles passou um dia sequer na prisão. Eram réus primários e ainda aguardam o julgamento do caso em segunda instância.

Gregory Camillo trabalha em um restaurante japonês em Osasco e continua atuando como DJ. Costuma postar no Facebook mensagens contra a corrupção. Um de seus ídolos é o ex-piloto de Fórmula 1 Ayrton Senna, morto em 1994. Ao reclamar de alguém que não gostava de Senna, bradou contra o Brasil: "Mais uma pra vc ter certeza que vive num país medíocre, totalmente subdesenvolvido e retrógrado, liderado por pessoas cretinas, despreparadas e sem preocupação nenhuma com a nossa história, nosso passado e nossos ídolos..."

Felipe Pradella hoje trabalha como marceneiro em Osasco e posta mensagens nas redes sociais basicamente sobre três temas: capoeira, Deus e o Corinthians.

Sua antiga advogada, Claudete Pinheiro da Silva, entrou com recurso depois da condenação em primeira instância, mas deixou o caso pouco depois por falta de pagamento. Ela conversou comigo em junho de 2017 e disse que ainda "espera justiça" no processo do Enem. "Outras pessoas também precisam ser penalizadas. A gráfica não tinha segurança alguma, todo mundo estava pegando a prova. Tinha exame sendo vendido a R$ 100 em Carapicuíba (cidade na Grande São Paulo)." A investigação policial não apontou outras pessoas que tivessem furtado o Enem. Para ela, a polícia não procurou por outros envolvidos porque queria apresentar logo um culpado para "encerrar o caso e ficar bem com o ministro".

Entrei em contato com Pradella em fevereiro de 2017 e recebi de volta uma mensagem não dele, mas de seu irmão Fabio. Ele respondeu a meu pedido de entrevista, perguntando se eu "estaria disposta a pagar por isso". Eu disse que não. Fabio ficou indignado. Também por mensagem, afirmou que "o irmão ficou sem emprego, sem família e sem amigos". "Você expôs a imagem de uma pessoa, que até hoje está estampada publicamente. Acabou com a vida da pessoa, dizendo tudo o que você disse", escreveu. "Quer que ele conte a versão dele? E de graça? Você só pode estar brincando!" A mensagem ainda pedia que eu não procurasse o irmão dele nunca mais. "Eles (os irmãos) são grossos, estourados, falam alto, mas não são bandidos", diz a advogada, que ficou próxima da família Pradella por causa do caso.

O Ministério Público Federal havia denunciado os cinco réus também pelo crime de peculato, que é o desvio de dinheiro público, mas a denúncia não foi aceita pelo juiz e pode vir a ser considerada novamente na análise em segunda instância.

O Consórcio Connasel também foi condenado na Justiça pelo caso do vazamento do Enem. A Advocacia-Geral da União (AGU) ganhou em 2011 uma ação que obrigava a empresa a indenizar o Inep em R$ 73 milhões, com o argumento de que o órgão foi obrigado a contratar outras empresas emergencialmente para realizar o exame em 2009. O Connasel recorreu da decisão, mas seus argumentos foram recusados em 2012. Até hoje, a indenização não foi paga.

O grupo, montado apenas para participar da concorrência do Enem, se desfez oficialmente logo após o escândalo do vazamento. Mas as três empresas que faziam parte do consórcio — Cetro, FunRio e Consultec — existem e atuam no mercado de concursos até hoje. A gráfica Plural tenta ainda na Justiça receber delas o pagamento pelo serviço prestado em 2009. Em abril de 2017, a Justiça de São Paulo determinou que Cetro e FunRio paguem à Plural cerca de R$ 2 milhões. Como a Consultec — de Itana Marques — já havia pagado voluntariamente R$ 850 mil, ficou de fora da ação.

Heliton Ribeiro Tavares, ex-diretor de Avaliação da Educação Básica do Inep, foi o único responsabilizado no Ministério da Educação pelo vazamento do Enem. Para a Justiça, ele cometeu falhas na fiscalização do contrato firmado com o Connasel porque ignorou os avisos mandados por servidores que visitaram a gráfica Plural durante a impressão do Enem — as notas técnicas — e perceberam problemas graves de segurança. Em sua defesa, em processo no Tribunal de Contas da União (TCU), ele alegou jornadas de trabalho excessivas e cronograma apertado que tornavam "inviável o controle *in loco* mais intenso e rigoroso nas atividades de segurança e logística". Suas justificativas não foram aceitas. Ele teve de pagar multa de R$ 5 mil.

O TCU também condenou Tavares por causa de "pagamento por serviços não prestados". Nesse caso, o processo incluiu Dorivan Ferreira Gomes, então coordenador-geral de Exames para Certificação do Inep, que teve de pagar multa de R$ 3 mil.

O contrato assinado entre Inep e Connasel tinha um valor total de R$ 116,940 milhões, que seriam pagos em nove parcelas. Essa soma vinha de uma estimativa feita pelo Inep de que haveria 6 milhões de inscritos no Enem. Cada aluno teria então um custo de R$ 19,49.

Essa estimativa vinha da quantidade de concluintes do ensino médio naquele ano, cerca de 2,2 milhões somados a outros 2,2 milhões que haviam terminado a escola em outros anos e ainda não estavam na universidade, bem como 1,6 milhão de alunos da Educação de Jovens e Adultos (EJA), o antigo supletivo, que também estariam aptos a fazer o Enem.

No entanto, o Enem recebeu 4.139.211 inscrições em 2009, 1,8 milhão a menos do que o previsto. Antes do cancelamento da prova, o Inep já pagara ao Connasel três parcelas, em um total de R$ 37 milhões. Foram, portanto, R$ 4.595.158,03 pagos a mais para o Connasel, segundo o processo 024.0972009-8 do TCU. Os responsáveis pelo pagamento no Inep, Tavares e Gomes, alegaram que a estimativa feita antes das inscrições efetivadas era uma praxe no Enem. E que eventuais correções no pagamento sempre eram feitas no fim do contrato. O TCU rejeitou as alegações.

O presidente do Inep, Reynaldo Fernandes, e o ministro da Educação, Fernando Haddad, não foram responsabilizados judicialmente pelo vazamento do Enem.

# 18

## *O teste do pré-teste*

Era uma tarde agitada naquele início de semana na redação do G1 em Fortaleza, em outubro de 2011. No sábado e no domingo, o noticiário policial esquentava e — como há menos jornalistas trabalhando porque se faz um esquema de plantão — sobravam muitas histórias para ser escritas. Além disso, havia sido o fim de semana do Enem, realizado por centenas de milhares de alunos no Ceará.

A redação do portal da internet estava havia poucos meses na capital nordestina. Tinha apenas oito jornalistas, instalados no escritório da afiliada da TV Globo, a TV Verdes Mares, no bairro de Dionísio Torres, área nobre da cidade.

A jornalista Giselle Dutra, de 27 anos, depois de trabalhar por sete anos no tradicional jornal *O Povo* e ter uma curta experiência em assessoria de imprensa, havia aceitado o convite para ser repórter do portal da Globo. Era uma oportunidade de trabalhar em uma empresa de alcance nacional e aprender o jornalismo on-line. Além disso, era importante para Giselle que no novo emprego não cobrisse política, como fazia em *O Povo*. Ela dizia que tinha aversão ao assunto, apesar de a política fazer parte da sua história.

Quando Giselle tinha apenas 3 anos, seu pai, Almir Dutra, prefeito da cidade cearense de Maracanaú, foi assassinado. Ele havia liderado o movimento de emancipação da cidade — que fica a 24 quilômetros de Fortaleza — e lutado contra a corrupção. Descobriu-se mais tarde que o próprio vice-prefeito havia sido o mandante do crime. Desde o estágio no jornal *O Povo*, Giselle conversava sobre política como poucos jovens, o que chamava a atenção de editores. Eles acabaram a convencendo a cobrir o tema. Mas, depois de sete anos, ela deixou o jornal em busca de reportagens "menos densas".

Giselle havia chegado ao G1 por volta das 14 horas naquele 25 de outubro e dividia seu tempo entre assuntos nada correlatos, como crimes e educação. Até que uma colega chamou sua atenção para algo que tinha descoberto no Facebook. A repórter de Maracanaú até então não gostava de redes sociais e não tinha uma conta. Mas soube pela amiga que havia alunos de um tradicional colégio da cidade comentando que o Enem, feito no fim de semana, tinha questões iguais às que eles realizaram em um simulado dias antes, na própria escola.

Giselle gostou, de cara, da história. Sabia da relevância do Enem tanto para as famílias como para a imprensa, depois das mudanças na prova e do consequente vazamento denunciado pela minha matéria em 2009. (Giselle não me conhecia pessoalmente em 2011. Mas havia trabalhado com meu primo Thiago Cafardo, também jornalista, na redação do jornal *O Povo*, que veio a namorar e com quem se casou poucos anos depois.) Ela se lembrou da imensa repercussão da reportagem do *Estadão*, dos questionamentos que vinham sendo feitos sobre o Enem desde então, e pensou que não podia deixar de investigar uma eventual nova fraude, ainda mais em seu próprio estado. Também sabia que o Enem já tinha registrado confusões no ano anterior, boa parte delas com importantes desdobramentos no Ceará.

Pouco mais de um ano antes, na tarde do sábado, dia 6 de novembro de 2010, quando acontecia o primeiro dia de provas daquele ano, recebi uma ligação da minha ex-colega no *Estadão*, Simone Iwasso. "Deu problema no Enem de novo." Simone havia participado da cobertura comigo em 2009 e queria compartilhar as novidades apesar de eu não fazer mais parte da equipe. Segundo ela, os alunos estavam saindo da prova e avisando aos repórteres que o gabarito estava errado.

Havia noventa questões a ser feitas naquele sábado: 45 de ciências humanas e 45 de ciências naturais. O gabarito estava dividido em quatro colunas, duas para cada disciplina. Mas as legendas haviam sido trocadas. As duas colunas de ciências humanas tinham no topo o título ciências naturais e vice-versa. Foram os próprios estudantes que avisaram aos fiscais das salas. Eles haviam percebido o erro por causa da numeração das questões. Os fiscais então tomaram suas próprias decisões sobre como instruir os estudantes a preencher o gabarito. Houve os que, sensatamente, pediram aos alunos que ignorassem os títulos e seguissem apenas a ordem numérica das questões. Outros recomendaram seguir o enunciado errado do gabarito e preencher da forma inversa. E ainda houve os que não souberam o que dizer, deixando desesperados os candidatos já desconfiados de uma prova problemática.

O MEC ficou sabendo do erro por causa do aviso dos alunos. O governo então passou a orientar que o gabarito fosse preenchido conforme a ordem numérica. Mas é claro que essa informação não chegou a tempo a todos os milhares de locais de prova do país nem a todos os 4,5 milhões de estudantes que faziam o Enem naquele ano.

A confusão ganhou grandes proporções. Era o Enem virando notícia de novo. Dando errado de novo. A imprensa — principalmente os portais da internet — só falava nisso. Como alguém não havia checado esse arquivo antes da impressão? Como milhões de provas foram impressas com o gabarito ao contrário?

E era ainda pior. Em pouco tempo, veio outra notícia ruim. Cerca de 20 mil provas de cor amarela tinham sido impressas com problemas graves. Os cadernos de questões do Enem eram divididos em cores, com a ordem das questões diferentes, procedimento comum em vestibulares para evitar a cola. Algumas amarelas tinham questões duplicadas ou então vinham com uma página em branco no meio do caderno. Isso fazia com que uma página terminasse com a questão 17, por exemplo, e a próxima começasse com a pergunta de número 20. Fiscais que se depararam com esse problema sabiam menos ainda o que dizer aos alunos. Algumas provas foram substituídas por novas porque havia estoque justamente para o caso de problemas. Mas houve quem recebesse um novo caderno também com erros. Muitas salas não tinham provas substitutas. Esta era a mensagem que o Enem passava para a sociedade no ano seguinte ao vazamento: caos.

A prova do domingo — segundo dia do Enem — correu sem problemas. Mas os jornais já discutiam que o MEC poderia fazer um novo exame para quem se sentiu prejudicado no incidente da prova amarela, o que deixava um clima de incerteza para todos os candidatos. A reaplicação da prova era permitida por causa do uso da Teoria de Resposta ao Item (TRI). Como os itens são pré-testados e calibrados, o governo se esforçava para explicar que era só montar um novo exame para o grupo que teve problemas e ele teria o mesmo grau de dificuldade do Enem que já foi aplicado.

Mas parte da Justiça brasileira ainda não entendia ou não acreditava na TRI. Para alguns juízes e desembargadores, ela era uma fórmula mágica que feria o princípio constitucional da igualdade. Assim, no dia seguinte ao exame, a Justiça cancelou o Enem de 2010.

A decisão foi da juíza da 7ª Vara Federal do Ceará, Carla de Almeida Miranda Maia, a pedido do Ministério Público Federal, mas que valia para o país todo. "A disponibilização do requerimento àqueles estudantes prejudicados pela prova, correspondente ao caderno amarelo, e a intenção de realizar novas provas para os que reclamarem administrativamente não resolvem o problema. Novas provas colocariam em desigualdade todos os candidatos remanescentes", justificou a juíza, que determinou a imediata suspensão do Enem. A decisão tomou por base uma ação civil pública interposta pelo procurador federal Oscar Costa Filho, em 20 de outubro. Costa Filho, que tentaria ainda em outros anos anular o Enem, argumentava na época que o Inep demonstrava "total desconhecimento dos princípios que informam os concursos públicos, entre os quais a igualdade, quando propôs a aplicação de nova prova aos prejudicados com o erro de impressão".*

O Ministério da Educação acionou seus advogados para reverter o cancelamento, e eles decidiram fazer isso por meio do Tribunal Regional Federal de Pernambuco, onde acreditavam ter mais chances de ser bem-sucedidos. "Sabe por que eu ainda não demiti a pessoa responsável por isso?", disse-me Fernando Haddad, referindo-se ao erro no enunciado dos gabaritos. "Porque ele está em depressão; se eu demiti-lo, é capaz de ele dar um tiro na cabeça. Ninguém mais quer trabalhar no Inep." O ministro estava sentado no canto de uma mesa do confortável restaurante Bargaço, às margens da Bacia do Pina, no Recife. Era 12 de novembro, sexta-feira seguinte ao Enem 2010. Haddad estava na cidade para conversar com os desembargadores do tribunal pernambucano para tentar reverter o cancelamento da prova.

Mas, antes mesmo de o ministro pousar na cidade, o presidente do Tribunal Regional Federal de Pernambuco, desembargador Luiz Alberto Gurgel de Faria, suspendeu a liminar que cancelava o Enem. Sua argumentação era de que milhões de estudantes que fizeram a prova não poderiam ser prejudicados por erros que atingiram uma minoria. Segundo o magistrado, a realização de um novo Enem causaria ainda prejuízo de R$ 180 milhões aos cofres públicos. "A decisão da Justiça Federal do Ceará, louvada em eventual irregularidade nas provas de menos de 0,05% dos candidatos, equivalente a 2 mil estudantes, finda por prejudicar a todos os demais, afrontando o princípio da proporcionalidade", disse o desembargador.**

A decisão da justiça do Ceará havia impedido o MEC também de divulgar o gabarito, o que passava a ser liberado com a derrubada da liminar. Assim, o governo também tentou corrigir o problema dos enunciados errados: abriu um site para quem quisesse requisitar a

---
* Isabela Martin, "Juíza federal do Ceará determina imediata suspensão da prova do Enem". *O Globo*, 8 nov. 2010.
** "Justiça suspende decisão do Ceará e libera Enem 2010". *O Estado de S. Paulo*, 12 nov. 2010.

correção do seu gabarito ao contrário, ou seja, quem tivesse preenchido seguindo os títulos errados em vez de os números, e admitiu que o problema ocorreu no próprio Inep, não na impressão. O funcionário responsável por enviar o arquivo para a gráfica se baseou no Enem 2009, o anterior. Como a pessoa que cuidava do gabarito não tinha acesso à prova por causa do sigilo, ele não sabia que, em 2010, as questões estavam com ordem diferente. As de 1 a 45, por exemplo, eram de ciências humanas e não de ciências da natureza, como havia sido no ano anterior. Era sobre esse funcionário que Haddad comentava no restaurante.

Fui para o Recife numa tentativa de conseguir uma entrevista exclusiva com o ministro para o *Fantástico*, onde trabalhava como repórter. Não tinha marcado a entrevista. Recebi a informação de que ele estaria na cidade, e a direção do programa achou interessante que eu viajasse para lá para tentar falar com Haddad. A ideia era questionar diretamente o ministro da Educação sobre os problemas no Enem pelo segundo ano consecutivo. A matéria discutiria por que o exame não dava certo.

Como houve a decisão da Justiça favorável ao MEC, Haddad deu rápidas entrevistas para a imprensa local e foi almoçar no Bargaço. Descobri onde ele estava e também fui para o restaurante. Precisava pedir pessoalmente a entrevista; viajara por três horas de avião e meus chefes em São Paulo me pressionavam, preocupados com o destino da matéria.

Entrei no agradável restaurante e não tive dificuldade em encontrar a mesa grande, com integrantes do MEC. O ministro estava perto da janela. Nunzio, seu assessor, sentado diante dele. Haddad não pareceu surpreso em me ver. Sorri e disse que tinha vindo de São Paulo apenas para uma entrevista. Haddad não queria falar. Parecia acuado. Disse-me que dera várias entrevistas pela manhã, acordara às 5 horas, nem ao menos tomara café e precisava ir embora para Brasília. "Eu não posso ficar 40 minutos com você e você não vai se contentar com 5 minutos."

Resolvi me sentar numa mesa próxima e esperar. Eu e o cinegrafista Marconi Matos pedimos uma moqueca. Na mesa do ministro, vinho, brinde. Afinal, o Enem não estava mais cancelado. Não seria preciso fazer uma nova prova, pelo segundo ano consecutivo. Então, Nunzio me chamou e me avisou que Haddad só gostaria de falar do futuro e não dos erros. Concordei porque não havia opção. No meio da entrevista, pensei, tentaria incluir as perguntas que precisava. Marconi começou a montar a luz e preparar um local para a entrevista no bar do restaurante. Mas Haddad me chamou de novo. Ele havia desistido, alegando novamente falta de tempo. Propôs uma entrevista em Brasília na semana seguinte — que nunca aconteceu, porque a pauta do *Fantástico* acabou mudando.

Sem a possibilidade de matéria naquele momento, Haddad se abriu. Me convidou para me sentar à sua mesa e lá fiquei pelos 40 minutos que teria precisado para a entrevista. Se eu trabalhasse em um jornal impresso poderia ter aproveitado o que me disse de alguma forma. Declarações "em off" podem sempre ser usadas no futuro — o termo vem da expressão "off the record", que quer dizer "sem registro", ou seja, algo confidencial, que foi contado ao jornalista extraoficialmente, e que a fonte não pode ser identificada. Mas, na televisão, era impossível. Ou tínhamos a imagem do ministro falando, ou não tínhamos nada. Eu só pensava em como explicar isso para a direção do *Fantástico*.

De qualquer forma, ouvi seu desabafo. Haddad escancarou sua decepção com mais um ano de erros no Enem. "Será que um dia vai dar certo?", questionou o próprio ministro da Educação. "Escolhi a melhor gráfica do país e deu errado. Vou fazer o quê? Imprimir o Enem fora do país?" Ele estava inconformado com os problemas na impressão da prova amarela.

Dilma Rousseff acabara de ganhar as eleições presidenciais. Por causa do histórico de problemas, o Enem tinha sido propositadamente marcado para depois do pleito e a bagunça toda não prejudicou a candidata. Apesar da preferência de Lula, por causa do novo escândalo no exame, Haddad estava perdendo pontos na cotação para continuar no ministério. Perguntei sobre isso a ele. Ele olhou para o lado, riu. "Eu não ficaria mesmo antes do Enem."

Haddad sairia do ministério de Dilma apenas um ano e dois meses depois, em janeiro de 2012, para disputar a prefeitura de São Paulo. No dia 23 de janeiro, véspera de deixar o cargo, ele afirmou que o Enem "apanhava todo santo dia" da imprensa.

Antes de toda a confusão da prova amarela e dos gabaritos trocados, o Enem 2010 já tinha sido notícia. Em agosto, recebi a informação de que a gráfica Plural — a mesma onde havia ocorrido o furto em 2009 — tinha ficado em primeiro lugar no pregão para impressão do exame daquele ano. Mesmo depois do vazamento, impressionava o fato de a empresa querer disputar o negócio novamente. A Plural havia oferecido o menor preço: R$ 65 milhões. E a RR Donnelley, a gráfica que assumiu a função de impressão do Enem em 2009, quando as provas tiveram de ser refeitas, pediu R$ 71 milhões. Acabou ficando em segundo lugar.

Mas o MEC queria a Donnelley de novo, e temia ter de contratar a Plural. O governo então julgou insuficientes os documentos enviados pela primeira colocada, que teriam de comprovar experiência em impressões de segurança, e rejeitou a proposta. A Plural reclamou. Insistia em imprimir o Enem. O pregão ficou parado na Justiça. Fiz a matéria com exclusividade para o *Jornal da Globo* e os demais jornais passaram a discutir mais essa polêmica do Enem.

O *Fantástico* também continuou no assunto. Por isso, marcamos uma entrevista com Carlos Jacomine, diretor da gráfica Plural. Era 12 de agosto de 2010, quando finalmente conheci a gráfica onde o exame foi furtado. Era também o dia em que o Enem daquele ano deveria estar começando a ser impresso, segundo o edital do exame. O impasse na Justiça por causa do pregão havia atrasado o processo.

Entrei na sala de Jacomine e um sujeito doce me cumprimentou com simpatia. "Finalmente eu te conheço, Renata", disse. Ele parecia realmente contente em me ver. Eu, surpresa, temia que fosse o contrário. Jacomine falou que poderia, enfim, me perguntar algumas coisas, esclarecer suas curiosidades. "Você pegou mesmo a prova na mão?" foi a primeira delas. Passados exatos dez meses de uma avalanche de reportagens e investigações, alguém ainda duvidava do que tinha acontecido? A resposta veio no fim da visita. Segundo Jacomine, Itana Marques, a responsável pelo Consórcio Connasel, acreditava numa espécie de teoria da conspiração. Para ela, alguém havia me telefonado e contado o conteúdo da prova. Os cadernos de questões nunca teriam saído da gráfica, não foram roubados. Essa versão, de certa forma, ajudava a minimizar a culpa da empresa e suas responsabilidades com a segurança do exame.

Nossa reportagem no *Fantástico* mostrou imagens do galpão da gráfica e dos investimentos feitos em segurança, mas o MEC reverteu a situação na Justiça e a Donnelley acabou sendo a responsável, mais uma vez, pelo Enem. E imprimiu as provas amarelas com problemas.

Depois dos erros com o gabarito e a prova amarela, em janeiro de 2011, mais um presidente do Inep, Joaquim José Soares Neto, deixou o cargo. Soares Neto era presidente da Cespe, quando foi chamado por Haddad para ocupar o lugar deixado por Reynaldo no fim de 2009. Eu o conheci em Brasília, em 13 de agosto de 2010, quando faltavam três meses para o Enem.

Saímos para almoçar antes de uma entrevista programada para o *Fantástico*. Ele pouco falou, mas mencionou — sem querer detalhar — que passava por um momento difícil no Inep. Neto não tinha o apoio de parte dos servidores. Muitos o viam como uma ingerência da Cespe dentro da autarquia. A reportagem previa que levássemos perguntas sobre o Enem feitas por alunos paulistas para que ele respondesse para a câmera. Ele pediu para vê-las antes da gravação. Não deveria ter permitido, mas era tamanha a insegurança de Neto que temi que seu desempenho fosse um fiasco caso tivesse de improvisar, o que colocaria em risco a matéria. Ele então ensaiou as respostas.

Por causa da prova amarela, Neto teve de coordenar a primeira reaplicação do Enem apenas para um grupo específico de estudantes, aqueles que se sentiram lesados pelos erros de impressão. A nova prova — só com questões de ciências humanas e ciências da natureza — foi feita no dia 15 de dezembro de 2010 por cerca de 9 mil estudantes em dezessete estados. Cerca de um mês depois, ele deixou o cargo, alegando desgaste. Neto havia sido extremamente cobrado pela imprensa. Em novembro, o colunista Elio Gaspari, da *Folha de S.Paulo* e de *O Globo*, pediu sua demissão e o chamou de "educateca com alma de bedel". Dizia o texto: "Em 2009 furtaram-se as provas; em 2010, inverteram-se os gabaritos e distribuíram-se exames com questões repetidas ou inexistentes. [...] Descobertos os erros, não ocorreu aos doutores tirar dos portais do Inep e do MEC uma autoglorificação do doutor Soares José Neto Joaquim: 'O primeiro dia de provas do Enem transcorreu em normalidade.' Segundo ele, a lambança 'de forma alguma prejudica a credibilidade do Enem'. Empulhação."

Malvina Tuttman, então reitora da Universidade Federal do Estado do Rio de Janeiro (Unirio), assumiu em seu lugar. Os problemas nos anos anteriores faziam com que a aproximação da data do exame de 2011 deixasse imprensa, estudantes e o MEC em um clima de ansiedade muito alto. Era crucial que a prova daquele ano corresse sem sobressaltos.

No fim do domingo, dia 23 de outubro de 2011, Malvina e os funcionários do Inep brindaram com champanhe o que parecia ser o sucesso do exame. Os colegas se abraçavam. Estavam felizes e comovidos com o primeiro Enem que terminava sem confusões.

Eles ainda não sabiam que as redes sociais passariam a ser mais um elemento no jogo do Enem. Foi justamente dois dias depois desse brinde no Inep que a repórter Giselle Dutra, do G1 de Fortaleza, recebeu a informação de que os alunos de um colégio da cidade conheciam previamente as questões do Enem. Para destrinchar as informações que estavam no Facebook dos estudantes, ela pediu a ajuda do estagiário Elias Bruno, mais jovem, dono de uma conta na rede social e com mais destreza para usar a ferramenta.

Os repórteres então encontravam nas redes sociais alunos dizendo que haviam respondido às mesmas perguntas no simulado da escola e no Enem. Alguns postavam imagens mostrando a coincidência, mas era preciso ter o material em mãos para confirmar a informação.

A escola onde havia ocorrido o simulado era o Colégio Christus, uma instituição de elite, das mais tradicionais de Fortaleza. Também era um dos grandes anunciantes de jornais e TVs do estado. A publicidade alardeava ser o Christus o primeiro colocado no ranking de notas do Enem da cidade. Filhos de diretores da TV Verdes Mares estudavam na escola. Temendo que pudessem ser impedidas de seguir em frente com a apuração por causa da influência do colégio, Giselle e sua editora, Marília Cordeiro, contaram sobre a pauta para os colegas na sede do G1, em São Paulo. O Enem já tinha se tornado um assunto de grande interesse nacional. A chefia prontamente se interessou pela história e as incentivou a publicar o trabalho o mais rápido possível — e com destaque.

O estagiário Elias enfim achou um estudante disposto a colaborar, desde que não fosse identificado. Já era noite quando ele foi pessoalmente à casa do adolescente em Fortaleza buscar os cadernos que o colégio havia distribuído uma semana antes, como testes para a prova do Enem.

O exame já havia sido divulgado no site do MEC e, assim, puderam começar a comparação manual. A redação estava vazia, era mais de meia-noite. Giselle e a editora Marília haviam comido pela última vez por volta das 18 horas. As duas olharam juntas cada uma das 180 questões do Enem. Checaram uma a uma a fim de verificar alguma semelhança com o simulado aplicado pelo Christus. Giselle se impressionou quando viu a mesma figura de uma calçada com desenhos de polígonos nas duas provas. Era uma questão simples, com uma pergunta curta, de uma linha apenas, e a figura. Fácil de lembrar. Um fraudador que não quisesse ser pego poderia ter tido mais cuidado, imaginou. Quem já tivesse feito essa questão uma vez se lembraria facilmente. Depois descobriu um poema de Vinícius de Moraes sobre a Arca de Noé com a mesma pergunta e os mesmos itens de resposta, tanto no simulado como no Enem.

E assim foi até encontrarem inicialmente onze questões iguais.

Na noite em que apuravam a reportagem, Giselle e os colegas jornalistas não tinham ideia do que podia ter acontecido. Como o colégio poderia estar com aquelas questões antecipadamente? Mas sabiam que tinham uma grande matéria. Deixaram o texto pronto para ser publicado logo cedo, no pico da audiência dos portais da internet. Foi a primeira manchete de Giselle e Elias no G1, e repercutiu na grande imprensa do país inteiro.

Nos dias seguintes da publicação da matéria, descobriu-se que, na verdade, o que vazou daquela vez foi o pré-teste. Giselle nunca tinha ouvido falar nisso antes de escrever sobre o simulado do Christus. Mas o fato é que as quatorze questões (mais tarde, ela descobriu outras três) que coincidiram no Enem e no simulado do Christus estavam no pré-teste feito em outubro de 2010. O colégio foi uma das escolas do país sorteadas a participar. Noventa e um estudantes, também sorteados, fizeram a prova na escola de Fortaleza em duas salas, sem saber que estavam sendo submetidos a um pré-teste do Enem. Os cadernos de questões, segundo o MEC, teriam de ser devolvidos aos fiscais no fim do exame.

A notícia devastou o pessoal da Daeb, no Inep, que dias antes saboreava champanhe. Os servidores voltaram a ficar amuados, entristecidos. A imprensa, mais uma vez, os acusava de incompetência e pedia soluções. Editorial da *Folha* do dia 29 de outubro de 2011, intitulado "Reprovado", dizia que desde 2009 não houve um ano "sem que a aplicação da prova pelo governo tenha apresentado problemas graves". "Essas seguidas falhas representam um golpe na credibilidade de uma prova que oferece excelente alternativa ao vestibular. Para que a iniciativa vá adiante, todavia, é necessário melhorar muito."*

A impressão que se tinha era a de que havia buracos para todos os lados. Quando se conseguia fazer um exame sem erros, apareciam novos problemas que ninguém sequer imaginava que pudessem

---

* "Editorial: Reprovado". *Folha de S.Paulo*, 29 out. 2011.

existir. O pré-teste havia sido feito em 2010 e foi naquele momento que houve algum erro de segurança que permitiu que as questões fossem parar no colégio em 2011.

As investigações sobre o caso recaíram sobre um professor e coordenador do Christus, chamado Jahilton José Motta. Em depoimento à Justiça Federal do Ceará,[*] ele disse que as quatorze questões foram deixadas em sua mesa de trabalho por alguém desconhecido. Mesmo assim, o professor repassou as perguntas aos alunos uma semana antes da prova, com a recomendação de que não mostrassem a colegas de colégios concorrentes. As investigações não conseguiram demonstrar como Motta conseguiu as questões, mas ele foi condenado a seis anos de prisão em primeira instância.

A sentença saiu em 2013. Nela, o juiz Danilo Fontenelle Sampaio sustentou que era "desprovida, pois, de qualquer fundamento real a versão apresentada pelo réu de que tais questões do Enem simplesmente surgiram em cima de sua mesa como por encanto ou sortilégio". E completou sua argumentação dizendo que "os elementos dos autos indicam que o réu tem sim ciência de quem a ele repassou tais questões, mas preferiu calar a respeito".

Durante o escândalo do vazamento das questões do pré-teste, mais uma vez o MEC enfrentou uma luta na Justiça. E mais uma vez a briga foi com o procurador do Ceará, Oscar Costa Filho. Diante da decisão do MEC de anular a prova dos 639 alunos do Colégio Christus, o procurador pediu à Justiça que cancelasse as quatorze questões que vazaram ou anulasse o Enem no Brasil inteiro. Novamente, ele alegou o princípio da isonomia. A briga rendeu páginas e páginas na imprensa. No final, a Justiça acabou decidindo cancelar as quatorze questões apenas para os estudantes do Colégio Christus.

O professor Motta recorreu à decisão em liberdade. Foi absolvido em 2016 graças ao argumento de que não obteve qualquer "vantagem indevida notadamente patrimonial" com o uso das questões.

---

[*] Processo nº 0010961–5120124058100. Justiça Federal do Ceará.

No Inep, o episódio do colégio cearense rendeu dois novos aprendizados. O primeiro, que era preciso olhar para as redes sociais. O Enem é um território de jovens, assim como as redes; portanto, teriam de ser usadas para fornecer informações e monitorar eventuais vazamentos. Desde então, esse é um procedimento corriqueiro no Inep, e costuma-se brincar internamente que, para vazar o tema da redação, basta um só tweet.

Em 2012, o MEC teve de eliminar mais de noventa candidatos que postaram fotos do Enem no Instagram durante a prova. No ano seguinte, descobriu-se que circulava no Twitter um falso gabarito com o que seriam as respostas de uma das provas do Enem ainda a ser aplicadas. Rapidamente, o governo teve de tomar providências para desmentir o ocorrido diante das notícias de mais um suposto vazamento. O tema da redação de 2016, a intolerância religiosa, foi o assunto mais comentado do Twitter já no dia do exame por causa de uma falsa prova, muito parecida, que teria sido colocada na internet antes da aplicação do Enem. O ministério também teve de se esforçar para explicar a coincidência.

O segundo ensinamento foi sobre o pré-teste. Não se tratava de um processo seguro. Havia a preocupação de que todos os cadernos de provas usados voltassem para o MEC, mas a verificação era feita, até então, apenas numericamente. Se eram aplicados 5.500 testes, a checagem era para que voltassem 5.500, por exemplo. Mas isso não era suficiente. O Inep passou a usar então um sistema de códigos de barras para identificar cada um dos cadernos de questões, para ter certeza de que cada um deles voltou.

E mais. O pré-teste até então era realizado em escolas públicas e privadas, aplicado a alunos que fariam o Enem possivelmente no ano seguinte ou no próximo. Algumas vezes, as questões eram inseridas em outras provas do MEC, como o Saeb. Mas, mesmo sem nenhuma indicação de que se tratava de um pré-teste do Enem, era muito arriscado manter o mesmo esquema dali em diante. Ele havia sido escancarado para todo o país depois do escândalo em Fortaleza.

# 19

## *A bolsa inventada*

O ano de 2012 começou com novo ministro da Educação e novo presidente do Inep. Composições políticas e a necessidade de um nome de peso para o ministério que cuidava do Enem fizeram com que a presidente Dilma Rousseff escolhesse Aloizio Mercadante para a pasta da Educação. Dois anos depois, Mercadante sairia do cargo para chefiar a Casa Civil. Voltaria à pasta em setembro de 2015 durante a crise do governo Dilma, após desgaste nas negociações com o Congresso.

Mas, ao assumir em 2012, o novo ministro chamou o então secretário de Educação Superior do MEC, Luiz Cláudio Costa, e o avisou que ele teria um desafio pela frente. Depois dos problemas com o Colégio Christus, Malvina Tuttman estava deixando o cargo de presidente do Inep e ele seria o novo comandante do órgão que aplicava o Enem. Ela era a terceira a sair do Inep em três anos.

Mineiro de Belo Horizonte, Costa havia se mudado para Brasília em 2011. Até então, o matemático com especialização em engenharia agrícola fazia a típica carreira acadêmico-administrativa em uma universidade pública. Havia sido coordenador, chefe de departamento e pró-reitor até chegar a reitor da Universidade Federal de Viçosa, cargo que exercia quando recebeu um telefonema do ministro da Educação, Fernando Haddad, pedindo que se juntasse à sua equipe.

Como secretário da Educação Superior no MEC, recebeu a missão de resolver os problemas do Sisu, o sistema que havia sido criado para que o estudante pudesse concorrer a vagas em universidades federais usando sua nota do Enem. A ideia era ótima, mas não funcionava bem. Milhares de vagas em dezenas de instituições públicas estavam disponíveis para ser disputadas usando uma única nota. Era só o aluno entrar na internet no dia determinado pelo MEC, escolher o curso de preferência e se candidatar. O sistema mostraria quem seriam os aprovados em cada curso, conforme as melhores notas no Enem e pesos estipulados pelas instituições. O problema é que o sistema travava. Ninguém conseguia se inscrever. Desde que começara a funcionar, em 2010, era a mesma coisa: milhares de acessos simultâneos faziam o sistema ruir. O MEC precisava sempre prorrogar os prazos. E, mais uma vez, o Enem ia para as manchetes como um grande problema sem solução.

Costa passou a deixar o Sisu aberto por 24 horas, o que acabou com picos de inscrição e amenizou o problema. Mas foram surgindo também erros pontuais de vazamento de dados, como em 2013, quando candidatos relataram que por alguns minutos puderam ver as informações e as notas de outros estudantes no sistema.

Atualmente, o Sisu tem menos problemas. No último processo, em janeiro de 2017, ofereceu 238 mil vagas em 131 instituições de ensino superior. A única exigência para concorrer é ter feito o Enem no ano anterior.

Quando Haddad começou a pensar em deixar o ministério para concorrer à prefeitura de São Paulo, sugeriu que Costa se filiasse ao PT. Ele estava gostando do trabalho do ex-reitor da federal de Viçosa e achava que seria um bom nome para substituí-lo. Foi atendido prontamente. Ao assumir o Inep, a imprensa descobriu essa ligação com o partido — mas não a data da filiação — e Costa foi visto como uma indicação política de Mercadante.

Costa não era político, mas também não sabia nada sobre a Teoria de Resposta ao Item (TRI) ao assumir a função. Passou a conversar com todos, conhecer os servidores, destrinchar cada passo do Enem e, principalmente, do pré-teste. Era sua maior preocupação em 2012 por causa do vazamento no colégio de Fortaleza, no ano anterior.

Até que ele teve uma ideia original. E que se manteve em completo segredo.

Costa criou um programa de bolsas de iniciação científica só para fazer o pré-teste. A bolsa recebeu o nome de Jovens Talentos para a Ciência e podia ser pleiteada por estudantes que cursavam o primeiro ano de universidades federais. O que ninguém sabia é que a prova para conseguir o benefício era um pré-teste do Enem. O exame era todo montado pelo Inep apenas com as questões que precisavam ser pré-testadas.

Eram várias as vantagens. A primeira, sem dúvida, era a segurança. O grupo de alunos que faziam o teste já estava no primeiro ano da universidade e dificilmente faria o Enem novamente. Mesmo assim, como os alunos haviam acabado de sair do ensino médio, tinham o perfil semelhante ao de quem presta o Enem, algo importante para as análises da TRI. A prova também deixava de estar inserida fisicamente em escolas do ensino médio, onde era um material muito visado e de valor. Além disso, outro fator importante é que os jovens faziam a prova com afinco, pois estavam realmente dispostos a conseguir a bolsa, algo que não acontecia quando eram requisitados para fazer exames do pré-teste sem ao menos ser informados de que tipo de avaliação se tratava. Muitos adolescentes nem sequer liam os enunciados. Respondiam sem nenhum compromisso, o que depois dificultava a análise sobre quais eram, de fato, as questões fáceis e difíceis.

No primeiro ano do programa, foram ofertadas 6 mil bolsas, no valor de R$ 400. Em 2013, foram 11 mil bolsas, num investimento estimado em R$ 58 milhões. Publicamente, o programa parecia ser realizado apenas pela Coordenação de Aperfeiçoamento de Pessoal de Nível Superior (Capes), responsável pelos editais e pela chamada dos aprovados. Não havia menção alguma ao Inep ou ao Enem em toda a documentação do programa. Mas eram os funcionários do Inep que aplicavam a prova, com toda a segurança prevista para o pré-teste, como detectores de metais na entrada das salas.

O texto do edital dizia apenas que a prova seria de conhecimentos gerais e teria duração de quatro horas e meia. Os mesmos exames eram aplicados para os alunos de todas as universidades federais, algo importante para a calibragem das questões. Foi o melhor pré-teste que o Inep já fez, segundo os técnicos.

No entanto, a última prova do programa foi feita em setembro de 2014. Foram aprovados apenas 3.891 jovens no começo de 2015, bem menos do que nas primeiras edições.

Dilma acabara de ser reeleita e começavam a surgir os cortes de verbas, principalmente nas áreas sociais. Os jornais descobriram as mudanças no programa Jovens Talentos para a Ciência — mas sem nenhuma desconfiança de que a prova da bolsa era um pré-teste para o Enem. Matéria de *O Globo* de fevereiro de 2015 mostrou que caíra em R$ 34 milhões o investimento nas bolsas de um ano para outro.* A Capes teria passado a selecionar apenas estudantes que obtiveram nota acima de determinada pontuação. Jovens com nota próxima do corte, e que ficaram sem a bolsa, reclamaram. Apesar de ter sido criada por causa do pré-teste, ela também ajudava os estudantes a se manter na universidade. A Capes negava mudanças. Mas nenhum edital do programa foi reaberto desde então.

A bolsa inventada foi uma exceção. A maioria das mudanças estabelecidas por causa dos sucessivos erros na trajetória do Enem — sendo o maior deles a fraude de 2009 — permanece até hoje. A participação da Polícia Federal e dos Correios, que fazem segurança e transporte, e a do Exército, que armazena os exames, algo comum atualmente, só começaram depois do furto. Até 2008, a empresa contratada para a aplicação do Enem cuidava de praticamente tudo.

O consórcio fazia a organização da inscrição dos candidatos e dos locais de prova, e cuidava da impressão, do transporte, da distribui-

---

* Lauro Neto, "MEC corta 64,6% das bolsas e R$ 34,1 milhões do programa Jovens Talentos para a Ciência". *O Globo*, 26 fev. 2015.

ção, da aplicação nos dias de exame, da correção, da divulgação da nota e da segurança em todos os processos.

E essa modificação após a fraude aconteceu, na verdade, por exigência de Cespe e Cesgranrio. Seus dirigentes aceitaram fazer o novo Enem em 2009 desde que cuidassem apenas da aplicação. As duas entidades não queriam assumir os riscos da responsabilidade por impressão, segurança e transporte da prova, justamente as áreas frágeis que tinham falhado no exame anterior.

Foi então que a equipe da sala de situação, coordenada por Henrique Paim, acionou as chamadas forças nacionais para ajudar no Enem. Para a impressão, o MEC tentou usar a Casa da Moeda, mas não havia estrutura para fazer milhares de provas. A pedido de Paim, a direção do FNDE — órgão do MEC que cuida dos livros didáticos — passou então a pesquisar o mercado privado. Chegaram à RR Donnelley, empresa americana que se estabeleceu no Brasil nos anos 1990 e hoje é uma das maiores gráficas do mundo. Considerada na época uma das poucas gráficas com padrões de segurança no país, foi contratada sem licitação. Seus parques gráficos ficavam em Osasco e em Barueri, ambos em São Paulo, algo que agradou ao MEC por questões de logística.

No dia em que, pela primeira vez, o novo Enem foi levado para a Donnelley houve uma operação especial. Os servidores destacados para a tarefa embarcaram no avião da Polícia Federal com as provas nas mãos, em voo de Brasília para São Paulo. Nos deslocamentos em terra, três carros da polícia faziam escolta do grupo do Inep. Há quem diga que lembrava a comitiva do presidente dos Estados Unidos. O grupo chegou com o Enem na gráfica por volta das 12 horas e só saiu no dia seguinte, às 2 horas da manhã, tamanha era a exigência por verificar cada máquina, cada canto da empresa. Até hoje, a Donnelley é a gráfica que imprime o Enem. Seus contratos são renovados periodicamente.

Depois de 2009, o MEC nunca mais fez uma licitação para o Enem. A iniciativa era defendida por Reynaldo Fernandes desde que decidiram tornar o exame um vestibular nacional, mas ele foi convencido pelos advogados do ministério de que os órgãos de controle não permitiriam. Depois do vazamento, não havia mais como questionar.

Em 2014, uma empresa privada que realiza concursos entrou com uma representação no TCU argumentando que o Inep desrespeitava a lei de licitações ao contratar diretamente a instituição que aplicava o Enem. Em sua decisão, o órgão mais uma vez argumentou que, por se tratar de um processo seletivo para ingresso no ensino superior, existe, sim, a justificativa para a dispensa de licitação. O texto do acórdão do TCU lembra "a malsucedida experiência de 2009, com o lamentável problema do cancelamento do exame". A única recomendação do TCU é que o Inep tente alternar as empresas contratadas. A Cesgranrio continua a realizar o exame — como faz desde 1998. Em 2017, a Cespe deixou de participar da aplicação da prova. A Fundação Vunesp e a Fundação Getúlio Vargas, pela primeira vez, entraram em seu lugar.

Outra consequência natural da fraude em 2009 foi a necessidade de se criar internamente no Inep um departamento de logística. Parte da equipe que trabalhou na sala de situação do MEC acabou indo coordenar esse grupo e começou a desenvolver uma expertise em processos de distribuição — principalmente, de sigilo da prova. Até então, não havia funcionários com essa especialidade no Inep.

Hoje existe a Unidade de Operação Logística (UOL), com as chamadas salas seguras para que os itens das provas sejam guardados com controle biométrico. As caixas com as provas saem da gráfica com um lacre eletrônico que indica hora e local em que são abertas. Essa precaução é para tentar evitar que alguém dê uma espiada no tema da redação, por exemplo — vazamento recorrente nos últimos anos. Em 2014, 2015 e 2016, a Polícia Federal investigou diversos casos e prendeu estudantes que conheciam o tema da redação antes de o Enem começar.

"Acho que isso não vai acabar nunca", diz Francisco Soares, um dos maiores especialistas em avaliações do país e que substituiu Luiz Cláudio Costa na presidência do Inep, em 2014. Para ele, alguém sempre vai descobrir o tema da redação porque o Enem passou a "selecionar para vagas de medicina". Chico, como todo mundo o chama no meio da educação, diz que preferia nem saber o tema da redação quando era presidente do Inep. Normalmente, só três pessoas da área técnica sabem o tema e o presidente opta por ser ou não informado também.

O Enem é um gigante de 600 mil trabalhadores pelo país em dia de prova. Torna-se impossível ter o controle sobre todos. Luiz Cláudio Costa lembra das madrugadas que passou tentando resolver todo tipo de problema, como o de um carro dos Correios que capotou nas estradas de Belo Horizonte com as caixas dos exames. E se uma delas se perdesse na rodovia? Noutro ano, bandidos explodiram a agência dos Correios em Santa Catarina porque viram um malote chegando. Imaginavam se tratar de dinheiro. Era o Enem. "O que não se pode é permitir erros sistêmicos. Isso é que estava desacreditando a prova", disse-me Costa, em 2017.

Mas como tornar o Enem mais seguro?

Desde que a prova foi transformada em vestibular, ministros, presidentes do Inep, especialistas, jornalistas e professores repetem que a solução para tentar evitar fraudes seria fazer a prova várias vezes por ano. Assim, ela diminuiria de tamanho. Não seriam mais milhões de estudantes, em milhares de municípios, ao mesmo tempo, envolvidos numa única prova. E lembram que nos Estados Unidos se faz assim: o SAT — usado na seleção das universidades americanas — é realizado sete vezes ao ano.

Mas isso só será possível quando o Inep puder ter itens em quantidade e qualidade muito maiores do que tem atualmente. Desde 2011, os itens das provas — ou seja, as questões — são elaborados por professores de universidades federais. O Inep abre editais em que convoca instituições "interessadas em elaboração e revisão de itens a serem incorporados ao Banco Nacional de Itens (BNI)". O objetivo, segundo o edital, é "ampliar o número de itens, observando a qualidade técnica, pedagógica e psicométrica necessária para exames em larga escala". O texto diz que cabe à instituição identificar e capacitar docentes qualificados para o trabalho e ter ambientes seguros para a elaboração das questões. A equipe prevista pelo edital tem dois coordenadores e dez professores colaboradores para fazer e revisar itens.

O Inep precisa ter todo ano pelo menos três provas prontas, cada uma com 180 questões. Uma para ser aplicada efetivamente aos candidatos; outra de reserva, se houver necessidade de cancelamento e reaplicação. Uma terceira, ainda, é sempre preparada para os candidatos nos presídios. São, portanto, 540 questões usadas todos os anos. Por isso, para ter segurança, era preciso produzir muitos itens anualmente. Só assim, seria possível pré-testar questões e guardá-las por, pelo menos, dois anos sem nenhum uso. Desse jeito, não haveria o risco de ocorrer novamente o que aconteceu no Colégio Christus, em Fortaleza. Como havia poucas questões no estoque, elas foram pré-testadas em 2010 e usadas no Enem no ano seguinte.

Com cerca de dez professores colaborando em cada universidade federal que se dispõe a participar da elaboração de itens, o Inep não consegue ter uma quantidade tão grande de questões todo ano. Há apenas o suficiente para fazer as três provas e uma pequena sobra. Atualmente, o banco não chega a ter 2 mil itens.

E ainda há a questão da qualidade. Muitos dos docentes não têm experiência na educação básica e fazem perguntas distantes da realidade dos alunos, que acabam sendo descartadas na revisão. Outros conhecem pouco o perfil do Enem e insistem em questões tradicionais, dos velhos vestibulares. Há questões repetitivas, que usam os mesmos pontos da matriz. Todos os itens passam por revisões do Inep depois de elaborados, e muitos ficam pelo caminho.

Os que sobram vão para o pré-teste e aí também caem, por problemas de psicometria, ou seja, o item é tão malfeito que os alunos bem-preparados acertam menos que os malpreparados. Resultado: a cada esforço que o Inep faz para ter cerca de 5 mil itens, acabam restando mil. Isso é muito pouco.

E, por falta de opção, as provas do Enem às vezes têm questões que causam polêmica, como em 2015, quando uma delas trazia a frase da escritora e filósofa feminista Simone de Beauvoir, "Ninguém nasce mulher, torna-se mulher." O item havia sido considerado ruim por questões técnicas e descartado em outro ano, mas precisou fazer parte da prova pela dificuldade de preencher a parte de Ciências Humanas. No entanto, por causa dele, o MEC chegou a ser acusado de doutrinação pela bancada conservadora do Congresso.

Exames estrangeiros que também usam a TRI, como o SAT ou o Pisa, acumulam itens há décadas. Seus bancos têm dezenas ou centenas de milhares de questões. O Pisa — que avalia estudantes de mais de setenta países — tem um time internacional de desenvolvedores de itens. Os prazos para enviar ideias e exemplos de questões começam três anos antes da prova. Um ano antes do exame oficial, os itens são testados com estudantes dos mesmos países onde o Pisa será aplicado. Mas a cada edição também são usados itens antigos — bem-calibrados — e que podem já ter aparecido nas provas anteriores. Isso é possível porque o Pisa torna públicas apenas algumas questões. Dos 184 itens de ciência aplicados em 2015, por exemplo, apenas doze foram divulgados.*

Nos Estados Unidos, há diversas empresas especializadas em elaborar e vender quantidades gigantescas de itens. Philip Fletcher, especialista em estatística nascido na Califórnia, viveu no Brasil durante quinze anos e ajudou o país a implementar sua política de avaliações por ser um dos poucos que entendia de TRI nos anos 1990. Ele acredita que o meio mais rápido de aumentar as opções do banco seria comprar itens. "As questões em inglês podem ser traduzidas e até adaptadas para a cultura brasileira. Você já compra 200 mil itens."

Há também muitas empresas privadas e fundações no Brasil que elaboram itens e estariam interessadas em produzir material para ser comprado pelo MEC. Ainda não houve, no entanto, uma decisão do governo de mudar o atual modelo artesanal e público — primeiro, contratavam-se professores da educação básica; agora, das universidades federais. Isso faria com que o Inep perdesse totalmente o controle da produção de itens. Para comprar, o governo teria de indicar o produto de que precisa e isso significa abrir a matriz do Enem para a iniciativa privada. E ter também, além disso, um bom sistema de certificação

---

* Pisa 2015 Technical Report — Chapter 2: Test Design and Development.

das empresas que participariam do processo, a fim de garantir que os itens fossem produzidos com segurança e exclusividade para o Enem.

Um bom banco de itens não é também só extenso. Ele precisa ser bem-calibrado na escala do exame, com uma quantidade de questões de todos os níveis de dificuldade. Cada item também pode ter o registro de como e quando foi usado. Isso porque, nas provas feitas por computador, por exemplo — outro sonho nunca alcançado pelo MEC para o Enem —, o banco de itens está integrado ao software. Dessa maneira, dependendo do perfil de respostas, o aluno progride ou não para determinadas perguntas da prova. E, assim, itens são usados menos ou mais vezes. Ao errar determinadas questões muito fáceis, por exemplo, o software nem encaminha o aluno para itens mais complexos. Assim, faz-se até uma "economia" de itens.

Limitações financeiras para o software e para a expansão de uma rede mais rápida de internet em todo o país nunca permitiram que o Enem pudesse ser realizado pelo computador, como acontece nos Estados Unidos com o SAT e recentemente em alguns países pelo Pisa. Além de permitir o melhor uso do banco de itens, também traria mais segurança ao processo.

No entanto, 70% das pessoas que responderam a uma consulta pública sobre o formato do Enem, realizada em 2017 pelo MEC, disseram ser contra a aplicação por meio do computador. O ministro da Educação, Mendonça Filho, que já se preparava para começar alguns testes da prova eletrônica, se disse surpreso com o resultado. "De um lado acho que há sempre um receio com relação à segurança, de que o computador poderia facilitar fraudes e, de outra parte, o medo com relação ao novo. O ser humano gosta do novo, mas ele não gosta de ousar. Eu acho que é uma coisa inevitável, não sei em quanto tempo a gente vai conseguir promover essa mudança, mas ela virá."*

---

* Graziele Frederico, "Enem 2017 será em dois domingos seguidos de novembro". G1, 9 mar. 2017. Disponível em: <http://g1.globo.com/educacao/enem/2017/noticia/enem-2017-sera-em-dois-domingos-seguidos-5-e-12-de-novembro.ghtml>. Acesso em 31 jul. 2017.

# 20

## *A consolidação*

Apesar de tantos questionamentos e tantas manchetes negativas na imprensa desde 2009, o Enem se estabeleceu fortemente na sociedade brasileira como nenhum outro exame havia conseguido. Todas as pessoas que entrevistei durante dois anos para este livro foram unânimes em dizer: não há como acabar com o Enem. Ele está consolidado como a mais importante avaliação do país. E são várias as razões para isso.

Seu grande teste foi a mudança de governo, com o impeachment da presidente Dilma Rousseff, em 2016, e a saída do PT do poder, partido que transformou o exame no que ele é hoje. Os novos integrantes do MEC, entre eles Maria Helena Guimarães de Castro e Maria Inês Fini, que faziam parte do grupo que criou o antigo Enem com outro formato, não mexeram na essência da prova. Ela continuou sendo o grande processo seletivo para ingresso no ensino superior do Brasil.

O novo governo fez apenas mudanças pontuais e ainda não é possível saber se elas enfraquecerão o exame no futuro. Não permite mais que o Enem certifique alunos do antigo supletivo, que agora voltam a ter de fazer uma prova específica, o Encceja, como acontecia no passado. As regras para ter a isenção da taxa de inscrição também ficaram mais rígidas e muitos tiveram seus pedidos negados. Por isso, em 2017, o número de inscritos — que ficava em torno de 8 milhões — caiu para 6,7 milhões. Mesmo assim, a quantidade ainda é quase 70% maior do que em 2009.

Esses estudantes também concorrem a cada vez mais vagas em universidades públicas no Sisu. Eram 80 mil no primeiro ano de funcionamento do sistema e mais de 200 mil no mais recente. O novo governo não fez mudanças no Sisu.

A força do Enem pode ser percebida pelo fato de, pela primeira vez em quarenta anos, a Fuvest, que escolhe os futuros alunos para a USP, ter aceitado selecionar candidatos que não passaram pelo seu crivo. Em 2015, 13% das vagas na universidade foram oferecidas por meio do Sisu. No ano seguinte, o índice aumentou para 20% e, em 2017, para 24%. O candidato faz o Enem e cada curso da USP determina apenas a nota mínima que exige para aprovação.

Entre as razões para essa consolidação está claramente também o fato de o novo Enem ter sido construído atrelado a outras políticas sociais na área da educação durante o governo do PT. Só quem faz o Enem pode pleitear a uma vaga no ProUni (que dá bolsas para alunos de baixa renda no ensino superior privado) e no Fies (financiamento estudantil também para ensino superior privado) e podia se inscrever no Ciência sem Fronteiras (que dava bolsas no exterior e selecionou os últimos candidatos em 2014). Os três programas bateram recordes de inscrições e beneficiados ano após ano.

Muitos alunos faziam e ainda fazem o Enem não pelo processo seletivo, mas porque querem concorrer a um dos programas. O ProUni já ofereceu quase 2 milhões de bolsas desde que foi criado, em 2004, e é inegável sua contribuição para a inclusão de alunos pobres no ensino superior. O Fies chegou a ter recorde de 730 mil contratos só em 2014, com juros baixos e regras facilitadas. Era necessário, por exemplo, apenas a participação no Enem. Como os gastos aumentaram demais, o governo teve de apertar as exigências e passar a cobrar uma nota mínima no exame, de 450 pontos, para quem quisesse pedir o financiamento.

Especialistas, no entanto, se debruçam em dados e reflexões para saber se houve uma real democratização do acesso ao ensino superior. O governo sempre defendeu que o Sisu contribui para certa "racionalização da disputa" porque democratiza as oportunidades de concorrência às vagas. Exames descentralizados, de acordo com esse raciocínio, ajudavam alunos que tinham mais dinheiro para arcar com deslocamentos pelo país.

Um estudo de pesquisadores da USP e da Universidade Federal de Pernambuco mostra que, apesar disso, os jovens pobres ainda resistem mais a participar da prova do que os estudantes de renda mais alta: "[...] Enquanto a participação do estudante concluinte da rede privada de ensino médio foi fortemente impactada pela utilização do Enem como exame necessário ao acesso à universidade pública, a participação do estudante da rede pública não parece sofrer o mesmo grau de impacto." Eles analisaram dados de estudantes da Paraíba e de Pernambuco e notaram que a taxa de crescimento média dos inscritos oriundos da rede pública, desde 2009, no Enem foi de 3,942 pontos percentuais ao ano, enquanto a taxa de crescimento dos estudantes da rede privada foi de 4,360 pontos percentuais ao ano.*

Além disso, dados do Sisu mostram que estados com populações mais ricas como São Paulo se beneficiam mais do sistema. Seus alunos acabam sendo aprovados para vagas em universidades federais em vários outros estados. Ao mesmo tempo, alunos de fora de São Paulo não conseguem com tanto êxito ser selecionados em cursos das universidades paulistas — tidas como mais bem conceituadas. Em 2010, por exemplo, cerca de 2.500 paulistas foram aprovados para estudar fora do estado, com apenas 160 alunos, aproximadamente, fazendo o caminho inverso.

---

* Ruy de Deus Mello Neto, Hugo Augusto Vasconcelos Medeiros, Fábio da Silva Paiva e José Luis Simões, "O impacto do Enem nas políticas de democratização do acesso ao Ensino Superior Brasileiro". *Comunicações*, Piracicaba, dez. 2014.

A consolidação do Enem também fez com que o MEC ganhasse força para impactar o currículo do ensino médio no país, algo que nunca havia acontecido. Quem tinha esse poder era a Fuvest e outros concorridos vestibulares do país. Isso foi ajudado pelo fato de, em fevereiro de 2006, o ministério passar a divulgar as notas do Enem por escola, algo inédito. A imprensa e os próprios colégios começaram a produzir rankings a partir dessas divulgações. Muitos pais passaram a julgar e a escolher as escolas particulares de seus filhos a partir dessa lista. Colégios direcionaram seus currículos para o Enem e muitos passaram a treinar seus estudantes para o exame. Algumas escolas chegaram a criar outras instituições, específicas, apenas com os melhores alunos, para tentar ficar em primeiro lugar na lista do exame. E conseguiram.

Mas o exame nunca foi obrigatório nem foi pensado para medir a qualidade da escola, como o Saeb, por exemplo. Foram os rankings que acabaram levando a essa distorção. Uma tese de doutorado defendida em 2013 na Faculdade de Educação da USP mostrou que no máximo 21% da diferença das médias entre as escolas na lista do Enem podia ser atribuída a essas instituições. O restante das notas que os alunos conseguiam na prova não vinha do que o colégio ensinava a eles, mas tinha relação com seu nível socioeconômico, cor da pele e estado em que moram.[*] Ou seja, esses estudantes se sairiam bem na prova, independentemente da escola onde estudassem. A divulgação do Enem por escola deixou de ser feita por decisão do MEC em 2017 durante o governo de Michel Temer. Só no longo prazo, as consequências dessa mudança poderão ser avaliadas. Também há a possibilidade de um próximo governo voltar a divulgar as notas.

Outra medida do governo Temer que pode trazer impacto para o Enem é a aprovação da reforma no ensino médio brasileiro pelo Congresso Nacional, que ocorreu em fevereiro de 2017. Inicialmen-

---

[*] Rodrigo Travitzki, "Enem: limites e possibilidades do Exame Nacional do Ensino Médio enquanto indicador de qualidade escolar". Universidade de São Paulo, 2013.

te apresentado como medida provisória, o texto agora é lei. Entre outras mudanças, a reforma prevê a flexibilização do currículo do ensino médio. Assim, 60% da carga horária deve ser destinada a conteúdos da Base Nacional Comum Curricular (que ainda está em fase de aprovação) e os outros 40% são optativos, conforme a oferta da escola e o interesse do aluno. Entre as opções que o colégio pode oferecer, está a formação técnica e profissional.

Apesar de a necessidade de reforma no ensino médio ser quase unânime entre educadores, o projeto causou polêmica por ser instituído por uma MP. Além disso, ainda não se sabe como será a implementação da lei, que depende da finalização da Base Curricular e exige que as escolas tenham estrutura e professores diferenciados para oferecer a parte optativa. Dirigentes de cidades mais pobres, principalmente, não têm ideia de como farão para adaptar suas escolas à reforma.

O governo não decidiu como o Enem vai avaliar a parte optativa cursada pelos alunos. Para isso acontecer, é preciso mudar a matriz do exame e criar novos itens para um banco já defasado. Por causa da força da prova, muitos especialistas acreditam que a reforma do ensino médio só vai dar certo se o Enem mudar. Ou seja, se o exame continuar avaliando apenas as disciplinas tradicionais, as escolas não mudarão seus currículos.

Mas e o objetivo maior da prova? O Enem conseguiu acabar com o vestibular?

O vestibular ainda existe porque o próprio Enem tornou-se um vestibular. Um vestibular que seleciona para mais vagas, em mais instituições, com questões que exigem menos conteúdos. Mas que ainda causa enorme tensão ao adolescente, que ainda é baseado essencialmente no mérito acadêmico, que ainda acaba determinando o que as escolas de ensino médio vão ensinar. Ainda um vestibular.

## *Agradecimentos*

É imensa minha gratidão às pessoas que dedicaram seu tempo para me ajudar com suas memórias, experiências e reflexões durante os dois anos em que trabalhei na apuração deste livro, em São Paulo e em Nova York. São dezenas de atuais e ex-integrantes do Ministério da Educação (em várias gestões, governos e partidos), educadores, pesquisadores e jornalistas, entre outros profissionais. Como metade do livro foi escrita enquanto eu morava fora do Brasil, dou graças à tecnologia e ao fato de todos terem concordado em me passar informações via WhatsApp, e-mails, Skype etc.

Não cito aqui os nomes desses colaboradores por duas razões: para não cometer a injustiça de me esquecer de alguém e para não comprometer quem gostaria de permanecer no anonimato.

Agradeço ao Grupo Estado pela ajuda, abrindo seus arquivos sem qualquer restrição e cedendo materiais valiosos, que me permitiram contar essa história.

E especialmente a Marcelo Beraba e Ricardo Gandour pela habilidade na condução do caso do Enem e pelo apoio incondicional a esta repórter. A história certamente seria outra sem vocês.

Obrigada ao meu grande amigo Sergio Pompeu. Sorte a minha poder ter a sua genialidade por perto e o seu companheirismo. O furo é nosso, Serginho, e não meu.

\* \* \*

Obrigada aos meus primeiros leitores, familiares e amigos que tanto admiro e respeito:

Pedro Cafardo, meu pai, meu grande exemplo no jornalismo e na vida, foi a primeira pessoa a quem tive coragem de mostrar as ideias iniciais deste livro. Como sempre, encorajou-me a seguir em frente, apontando os melhores caminhos, com inteligência, experiência e, sobretudo, com amor. Depois do livro pronto, consertou cada vírgula e melhorou frases, mas também refletiu comigo sobre a edição, os pontos polêmicos e a narrativa. Meu melhor editor.

Fábio Takahashi, meu amor e pai dos meus filhos. Obrigada pela insistência em me ajudar a editar este livro até quando eu resistia pelo medo da sua crítica ácida, mas sempre sábia. Sua contribuição foi diária — e essencial —, mesmo que atrapalhada pela correria do cotidiano. Também não teria conseguido sem o seu amor e sua dedicação a mim e à nossa família durante todo o período de redação deste livro.

Camila Cafardo e Juca Orlandi, meus primeiros leitores não jornalistas e primos queridos. Toda minha gratidão e carinho por trazerem um olhar fresco, inteligente, curioso e sincero. E por me fazer acreditar que eu não estava escrevendo um livro para poucos.

Antônio Gois, mestre do jornalismo de educação e grande amigo. Obrigada pelos conselhos, pela reflexão e por cada linha que tive de mudar no texto para que a história pudesse ser contada da melhor forma possível. Ninguém melhor que você poderia ter feito isso.

Eugênio Bucci, um verdadeiro professor de jornalismo, obrigada pela leitura cuidadosa do texto e dedicação extrema a cada linha do prefácio. Foi um prazer e uma honra essa nossa primeira parceria.

E a outros que me ajudaram muito nessa trajetória:

Obrigada a minha querida mãe, Rumely De Francischi, por toda ajuda durante o período em que me dediquei ao livro. A sua inesgotável disponibilidade e sua presteza para estar a qualquer hora, em qualquer lugar (em São Paulo ou em Nova York), tornaram tudo mais fácil e — por que não dizer — possível. Minha eterna gratidão, com amor.

Obrigada aos amores da minha vida, Antônio e Estela Cafardo Takahashi, por darem sentido a tudo. Antônio, aos 5 anos, esperava ansiosamente para ver meu livro impresso — e não na tela de um computador — e seu nome escrito na dedicatória. Tomara que esse livro o ajude a continuar um leitor voraz e sempre interessado em novas histórias. Estela vivenciou parte da apuração e redação deste livro de dentro da minha barriga. Hoje, com 1 ano e meio, já corre com seus livrinhos nas mãos para que alguém os leia. Siga curiosa por esse mundo maravilhoso da fantasia e do conhecimento.

A minha irmã Samanta Cafardo e ao meu cunhado Felipe Rodrigues, meus sobrinhos Lara e Leo Cafardo, a Erica Benute, companheira do meu pai, a minha madrinha Jane De Francischi, a todos das famílias Cafardo, Francischi e Takahashi, e aos meus queridos amigos, muito obrigada pelo amor, pelo apoio e pela torcida. Nos dias difíceis que enfrentei durante o período do caso do Enem, enquanto eu escrevia este livro — e sempre.

E um agradecimento especial à minha amiga fotógrafa Valéria Gonçalvez, pela generosidade e carinho de sempre.

## *Nota da autora*

As seguintes pessoas e empresas foram procuradas por mim e não quiseram dar entrevistas ou não retornaram ligações, e-mails, mensagens nem tentaram qualquer outro tipo de contato: Itana Marques, Gregory Camillo, Luciano Rodrigues (por meio de amigos), Felipe Pradella, Azor José de Lima, Heliton Tavares, Carlos Alberto Serpa de Oliveira, Rafael Sampaio, Frederico Neves Condé, Patrícia Vieira, Gisele Gama Andrade, Cetro, Fingerprint.

# Índice onomástico

ACT (American College of Testing), 30
Agência Estado, 115
Alexandre André Santos, 81, 84, 85, 87, 144
Alexandre Schneider, 140
Alfredo Junqueira, 92
Almir Dutra, 167
Aloizio Mercadante, 181, 182
Álvaro Pereira Junior, 151, 153
Amaro Lins, 78
Amélia Vieira, 92
Ana Carolina (filha de Haddad), 65
Ana Estela Haddad, 53–55
Angela Pinho, 78
Anísio Teixeira, 29
Antonio Ferreira Pinto, 113
Antônio Gois, 106
Antônio José Craid, 117
Antonio Palocci, 73
Antonio Pimenta Neves, 102, 103
Associação Brasileira de Jornalismo Investigativo (Abraji), 41
Associação Brasileira de Normas Técnicas (ABNT), 123
Associação Nacional dos Dirigentes das Instituições Federais de Ensino Superior (Andifes), 77, 78
Avaliação das Condições do Ensino Médio Brasileiro (Acem), 34
Ayrton Senna, 162
Azor José de Lima, 110, 201

Banco Mundial, 30
Banco Nacional de Itens (BNI), 83, 88, 187
Benedita da Silva, 143
*Bom Dia Brasil* (jornal televisivo), 144

Caetano Veloso, 47
Caixa Econômica Federal, 93
Campanha Nacional pelo Direito à Educação, 74
Carla de Almeida Miranda Maia, 170
Carla Hidalgo, 146
Carlos Alberto Serpa de Oliveira, 32, 91, 95, 96, 143, 201
Carlos Jacomine, 122, 124–126, 135, 174, 175
Celso Russomano, 140
Centro Universitário Fieo (UniFieo), 130

Cespe, 82, 84, 90, 91, 143, 144, 175, 185, 186
Cetro, 92, 93, 97, 164, 201
Chaim Zaher, 90
Ciência sem Fronteiras, 192
Claudete Pinheiro da Silva, 14, 154, 156, 163
Colégio Christus, 177–179, 181, 188
Colégio Dom Bosco, 81, 89
Colégio Etapa, 146
Comissão Especial de Licitação (CEL), 93, 95
Comitê Olímpico Internacional, 109
Conselho de Desenvolvimento Econômico e Social (CDES), 53
Consórcio Nacional de Avaliação e Seleção (Connasel), 20, 38, 57, 90, 92–99, 110, 121–126, 128, 129, 131, 132, 139, 142, 143, 153, 154, 164, 165, 175
Coordenação de Aperfeiçoamento de Pessoal de Nível Superior (Capes), 183, 184
Corpo de Bombeiros do Rio, 92
*Correio Braziliense* (jornal), 58
Correios, 137, 184, 187
*Crack, o caminho das pedras* (livro), 151
Cristovam Buarque, 51–54, 143

Daniel Parke, 115
Danile Rebouças, 92
Danilo Fontenelle Sampaio, 179
Denise Chiarato, 43, 44, 114
Diário Oficial da União, 88, 96
Dilma Rousseff, 140, 173, 174, 181, 184, 191
Diretoria de Avaliação da Educação Básica (Daeb), 67, 70, 81–84, 87, 88, 90, 131, 134, 144, 178
Diretrizes Curriculares do Ensino Médio, 35
Dorivan Ferreira Gomes, 149, 164

Editora Globo, 44
Eduardo Reina, 117
Elias Bruno, 176, 177, 178
Elio Gaspari, 27, 152, 176
*Época* (revista), 44, 45
Ernesto Paglia, 151
Escola de Comunicações e Artes da Universidade de São Paulo (ECA-USP), 111
Escola de Medicina e Cirurgia (Unirio), 92
*Estadão*, ver *O Estado de S. Paulo*
Eugênio Bucci, 9, 111, 112
Evelson de Freitas, 19, 117
Exame Nacional de Certificação de Competências de Jovens e Adultos (Encceja), 87, 88, 191
Exame Nacional de Desempenho de Estudantes (Enade), 33, 75, 76

Fabiana Cimieri, 110
Fábio da Silva Paiva, 193
Fábio Takahashi, 44, 79
Fábio Pradella, 129, 163
Faculdade de Educação da USP (FE-USP), 51, 194
Faculdade de Filosofia, Letras e Ciências Humanas da Universidade de São Paulo (FFLCH-USP), 52

Família Mesquita, 41
*Fantástico* (programa televisivo), 127, 139, 151, 153, 172–175
Fausto Macedo, 114, 115, 117, 118
Felipe Pradella, 121, 126, 127, 129, 130, 133, 153–158, 160–163, 201
Fernando Collor de Mello, 29
Fernando Haddad, 9, 13, 25, 27, 52–56, 58–63, 65–67, 69, 71, 73–78, 90, 105, 106, 109, 112, 113, 134, 137–143, 148, 165, 171–175, 181, 182
Fernando Henrique Cardoso, 10, 28, 33, 35, 51, 104, 152
Fernando Prado, 50
Fernando Sarney, 39
Filipe Ribeiro Barbosa, 121, 126, 157, 160, 162
Fingerprint (gráfica), 124, 127, 201
*Folha de S.Paulo* (jornal), 21, 27, 35, 36, 40, 43, 44, 56, 58, 60, 62, 78, 79, 93, 104, 106, 110, 111, 114, 115, 118, 121, 122, 145, 152, 161, 176, 178
Francisco de Assis Pereira (Maníaco do Parque), 152
Francisco Soares, 186
Frederico Neves Condé, 70, 81, 83, 201
Fundação Carlos Chagas, 31, 32
Fundação Cesgranrio, 31, 32, 90–96, 143, 185, 186
Fundação de Apoio à Pesquisa e Assistência (FunRio), 92, 110, 124, 164
Fundação Getulio Vargas, 146, 186
Fundação para o Vestibular da Universidade Estadual Paulista (Vunesp), 50, 186

Fundação Perseu Abramo, 52
Fundação Universitária para o Vestibular (Fuvest), 11, 35, 49, 50, 145, 146, 192, 194
Fundo Nacional do Desenvolvimento à Educação (FNDE), 142, 185

G1 (site), 46, 167, 168, 176–178, 190
Gilberto Kassab, 140
Gisele Gama Andrade, 87, 201
Giselle Dutra, 167, 168, 176–178
Giuseppe Verdi, 59
Gonçalves Dias, 47, 66
Gregory Camillo Craid, 116–118, 121, 129, 130, 153, 154, 156–162, 201
Grupo de Operações Táticas (GOE), 113, 119
Grupo Estado, 39, 57, 101, 114, 117, 130, 197
Guido Mantega, 53

Hélio Waldman, 79
Heliton Ribeiro Tavares, 67, 68, 70, 89, 90, 131, 134, 135, 149, 164, 201
Herton Escobar, 102
Hospital Universitário Gaffrée e Guinle, 92
Hugo Augusto Vasconcelos Medeiros, 193

IG (site), 46
Índice de Desenvolvimento da Educação Básica (Ideb), 61–63, 75
Instituto Ayrton Senna, 104
Instituto Brasileiro de Geografia e Estatística (IBGE), 137

Instituto Nacional de Estudos e Pesquisas Educacionais (Inep), 13, 20, 21, 25, 29–34, 52, 55, 66, 67, 70, 71, 73–75, 81, 82, 84, 85, 87–91, 93–100, 110, 122–124, 128, 129, 131–135, 142–144, 147–149, 154, 164, 165, 170–172, 175, 176, 178, 180–189

Isabela Martin, 171

*IstoÉ* (revista), 58

Itamar Franco, 30

Itana Marques Silva, 92, 122–126, 131, 135, 142, 164, 175, 201

Jahilton José Motta, 179

João Paulo Mendes, 36

João Sayad, 60

Joaquim José Soares Neto, 143, 175

John Maynard Keynes, 53

*Jornal da Tarde* (jornal), 118

José Atílio Vanin, 35

José Henrique Paim, 59, 142, 143, 185

José Luis Simões, 193

José Sarney, 39, 58

Joseph Schumpeter, 53

Juliana Junqueira, 50

Karl Marx, 53

*La Bohème* (ópera), 59

Laura Capriglione, 44, 93, 114

Lauro Neto, 184

Lisandra Paraguassu, 62

Lucia Helena Pulcherio de Medeiros, 93

Luciana Constantino, 24, 37–39, 56, 57, 69, 107

Luciano Rodrigues, 114, 118, 130, 157, 159, 161, 201

Luiz Alberto Gurgel de Faria, 171

Luiz Araújo, 52

Luiz Carlos Bresser Pereira, 98

Luiz Cláudio Costa, 181, 186, 187

Luiz Eduardo Cerqueira Magalhães, 35,

Luiz Fernando Rila, 24,

Luiz Inácio Lula da Silva, 9, 10, 27, 32, 51–55, 58–62, 79, 91, 104, 137, 140, 173

Luiz Massonetto, 59

Luiz Vicente Bezinelli, 114–116

Luiza Uema, 144

Mafalda (personagem), 20, 66, 67, 71

Malvina Tuttman, 176, 181

Marcelo Beraba, 40, 41, 57, 102, 105, 107

Marcelo Sabadin Balthazar, 161

Marcelo Sena Freitas, 121, 126, 156, 157, 160, 162

Marcelo Valeta, 24

Márcio Rached Millani, 157, 161

Marco Uchôa, 151, 153

Marconi Matos, 173

Marcos Coronato, 45, 46

Marcos de Moura e Souza, 51

Marcos Grinspum Ferraz, 114

Marcos Guterman, 68, 72

Maria Fernanda Conti, 70, 94

Maria Helena Guimarães de Castro, 29–35, 62, 91, 191

Maria Inês Fini, 191

Mariana Mandelli, 128, 147

Mariangela Hamu, 39
Marília Cordeiro, 177
Mario Cesar Carvalho, 145
Marta Avancini, 49, 103
Marta Suplicy, 54, 60, 61
Martha Neiva Moreira, 95
Michel Temer, 32, 194
Ministério Público Federal, 16, 57, 112, 153, 154, 156, 157, 159, 161, 163, 170

Nelio Bizzo, 51
Neliton Ventura, 79
Nunzio Briguglio, 11, 12, 58, 63

O Estado de S. Paulo (jornal), 11, 12, 14–16, 19–21, 23–25, 34, 36, 37, 39–41, 43, 45, 47, 49–52, 55, 57, 61–63, 66, 68, 72, 86, 90, 92, 101–107, 109–118, 121, 127, 128, 139, 142–148, 151–153, 155, 156, 162, 168, 171
O Globo (jornal), 27, 92, 95, 96, 104, 152, 171, 176, 184
Objetivo (grupo de ensino), 148
Olinda Assmar, 79
Organização para a Cooperação e Desenvolvimento Econômico (OCDE), 35, 63, 87
Oscar Costa Filho, 170, 179

Partido dos Trabalhadores (PT), 25, 32, 51, 52, 55, 74, 91, 141, 182, 191, 192
Patrícia Vieira, 71, 201
Paulo Renato Souza, 28, 49, 62, 128

Pedro Cafardo, 102, 140
Pesquisa Nacional por Amostras de Domicílios (PNAD), 137
Philip Fletcher, 31, 189
Plano de Desenvolvimento da Educação (PDE), 61, 62
Plural (gráfica), 110, 111, 121–127, 129, 130, 131, 133–135, 139, 164, 174
Polícia Civil, 113, 118, 161
Polícia Federal, 39, 60, 105, 113, 116, 118, 119, 121, 137, 158, 161, 184–186
Polícia Rodoviária, 137
Pontifícia Universidade Católica (PUC), 114, 146
Programa das Nações Unidas para o Desenvolvimento (PNUD), 81, 134
Programa Universidade para Todos (ProUni), 52, 54, 55, 60, 61, 192
Programme for International Student Assessment (Pisa), 35, 63, 87, 189, 190

Quad Graphics, 110, 121

R7 (site), 46
Rached Millani, ver Márcio Rached Millani
Rádio Eldorado, 101, 105
Rafael Aparecido de Oliveira, 127
Rafael Sampaio, 46, 160, 201
Raimundo Nonato Almeida Pereira, 95
Renata Cafardo, 11–16, 38, 51, 52, 55, 63, 65, 66, 86, 109, 117, 119, 146, 156

Reynaldo Fernandes, 13, 25, 26, 66–68, 70, 71, 73–75, 77, 84–87, 89–92, 94, 99, 100, 111, 123, 134, 142, 144, 147–149, 165, 167, 175, 185
Ricardo Gallo, 79
Ricardo Gandour, 39–41, 57, 105, 113, 118, 145
Ricardo Mello, 44
Roberto Baschera, 24
Roberto Costa, 49
Roberto Ramos de Aguiar, 143
Robson Fernandes, 103
Rodrigo Martins, 116, 117
Rodrigo Travitzki, 194
Rose Ane Silveira, 60
RR Donnelley, 174, 175, 185
Ruben Klein, 31
Ruben Murilo Marques, 32
Ruth Cardoso, 29
Ruy de Deus Mello Neto, 193

Sandra Annenberg, 151
SAT, 28, 30, 85, 187, 189, 190
Sergio Pompeu, 13, 19, 41, 109, 116, 117
Silvio Berlusconi, 59
Simone de Beauvoir, 188
Simone Iwasso, 104, 128, 168
Sistema de Avaliação do Ensino Básico (Saeb), 30–32, 62, 84, 85, 144, 180, 194
Sistema de Seleção Unificada (Sisu), 142, 182, 192, 193
Suelen de Oliveira, 55

Tarso Genro, 52, 53, 60, 137, 142
Teoria de Resposta ao Item (TRI), 31, 85, 170, 182
*Teoria e Debate* (revista), 52, 53
Terra (site), 46
Tiago Pradella, 129
Thiago Cafardo, 168
Thiago Cid, 44–46
Tim Lopes, 41
Tribunal de Contas da União (TCU), 91, 98, 99, 134, 164, 165, 186
Tribunal Regional Federal, 157
Tribunal Regional Federal de Pernambuco, 171
TV Globo, 41, 46, 127, 144, 152, 156, 167
TV Record, 46

União Nacional dos Dirigentes Municipais da Educação (Undime), 29
União Nacional dos Estudantes (UNE), 33
Unidade de Operação Logística (UOL), 186
Universidade de Brasília (UnB), 51, 52, 82, 83, 87, 90, 143, 145
Universidade de Princeton, 30
Universidade de São Paulo (USP), 25, 49, 52, 53, 73, 103, 145, 146, 192–194
Universidade Estadual de Campinas (Unicamp), 29, 146
Universidade Estadual Paulista (Unesp), 50
Universidade Federal da Bahia (UFBA), 75, 76, 92
Universidade Federal de Pernambuco (UFPE), 78, 193

Universidade Federal de São Carlos (UFSCar), 78
Universidade Federal de São Paulo (Unifesp), 79
Universidade Federal de Viçosa (UFV), 78, 181
Universidade Federal do ABC (UFABC), 79
Universidade Federal do Acre (UFAC), 79
Universidade Federal do Estado do Rio de Janeiro (Unirio), 176
Universidade Federal do Matogrosso do Sul (UFMS), 79
Universidade Federal do Pará (UFPA), 67, 89
Universidade Federal do Rio de Janeiro (UFRJ), 78
Universidade Federal Fluminense (UFF), 79
UOL (site), 46

Valmir Salaro, 127
*Valor Econômico* (jornal), 102, 140
Vera Lúcia da Costa Antunes, 148
Vinícius de Moraes, 177

Waldir Pires, 58
William Bonner, 107, 119
Wilson Zauhy, 157

Este livro foi composto na tipologia Palatino
LT Std, em corpo 11/16, e impresso em
papel off-white no Sistema Cameron da
Divisão Gráfica da Distribuidora Record.